プロも知らない！

60歳からの初めての世界個人旅行のコツ

A 1000 DAY JOURNEY AROUND THE WORLD................................LIFE DOESN'T END AT 60

松本正路

築地書館

目次

巻末付録

まえがき

人にはライフ・ステージ（life stage）——幼少年期、青年期、壮年期、老年期に分けた段階——があり、勤め人が定年退職を迎えたときはその人にとって大きなライフ・ステージの転換期になります。退職後（本人、配偶者）の夢について日本（三〇〇人）と米国（二〇〇人）の主婦（日本の平均年齢は六一・九歳、米国は六一歳）を対象にしたアンケートでは日米ともに「旅行をする」「趣味を楽しむ」「ボランティア活動をする」「地域貢献活動をする」が上位です（二〇〇四年四月二五日付東京新聞）。

定年退職後というライフ・ステージを迎え、得られるメリットは自由な時間です。この自由な時間は定年退職者にとってこのうえなく貴重なものです。自由な時間に何をするか。そして誰と何をするかが重要です。

「定年退職後の六〇歳代は生涯でいちばん自分のしたいことを自由にできる最も充実した期間であり、知的好奇心、体力、行動力を持っている時期」なのです。

さて、私も定年退職（満六〇歳）というライフ・ステージを迎え、前述のアンケートにあるのと同様「旅行をする」を選択しました。

一年目はメキシコの田舎町にひとりでホームステイしながらスペイン語を学んだ（自己研鑽）後、スペイン語圏の中南米を旅行する。翌年から毎年一月に海外旅行を企画し、二月から旅行を始める。このサイクルを四年間続け、六五歳までに世界には約二〇〇カ国あるが、そのうちの一〇〇カ国を訪問したいという目標を退職時に立てました。

一カ国をカウントする基準としてはどんな小国でもその国へ最低二泊することにしました。

その結果五ヵ年計画が一年ずれ込み、六年掛かりましたが、一〇〇カ国訪問の計画を達成できました。また一カ国最低二泊の目標に対しバチカン市国には宿泊できなかった事実はあります。

世界旅行をすると言えば「そんなに英語を話せるのか」という質問をよく受けます。

私の英会話力は自慢できるものではありません。海外駐在勤務の経験もなく、昔、英会話学校に少し通ったほかは独学（主としてテレビとラジオ）です。訪ねた一〇〇カ国のうち八〇カ国以上で英語を使いましたが、貧しい英語力にもかかわらず、英語が話せなくてとか英語が聞き取れなくて苦労したことはありませんでした。

スペイン語を学んだ後、多くの国を訪れ、日本では得られない種々多様な体験と見聞をし、それを自分一人だけの心にしまっておくのではなく広く公開したい気持ちが湧いてきました。

この本は平凡に定年退職を迎えた男の退職後六年間の世界旅行体験記です。

本をお読みになった方々のうち一%の方でも、

「ようし、自分も少しこれを参考にしてやってみようか」という気持ちになっていただければ私の望外とするところです。

本の内容は以下の三章からなります。

第一章はスペイン語留学と世界旅行の動機、家族の理解、資金の準備について。スペイン語留学と世界旅行の動機は何か、どの位前から計画をしていたのか、家族の理解は得られたのか、お金はどのくらい用意していたのかを述べました。

第二章はメキシコへのスペイン語留学体験記です。留学費用はどのくらいか、どんな学校でどんな生活をしたのか、留学の成果はあったのかを述べました。

第三章は世界旅行記です。

未知の国へ行き、「何でも見て、わからないことは何でも聞いてみよう」を心がけました。

特に未知の国への一人旅は緊張感と不安を伴います。

入国するときに必ず職業を記入する欄があります。私は必ず「会社を定年退職した」と記入しています。これで全く問題ありませんでした。

海外旅行は言葉の問題もあり、パック・団体が主流です。団体旅行のほうが気楽で、交通費・ホテル代も一人旅に比較して安くなることもあります。私もロシア、西南アジア（カザフスタン・キルギス・ウズベキスタン）と韓国の五カ国を旅行したときは団体でした。しかし団体旅行では決められたコースをたどりながら、心の片隅に何となく満たされない思いを抱いて帰ってくるのではないでしょうか。心のどこかで、「これは本物の旅ではない」というかすかな思いを。

海外一人旅は交通機関を使っての移動・ホテルの手配・名所旧跡への見学・ガイドを雇うなど、すべてを一人で手配しなければなりません。周囲の人はその国の人たちです。周囲の人に尋ね、人に助けられながら旅を続けます。

中南米では道を尋ねるとともかく彼らは知らなくても答えたほうが良いと思い、しばしば間違った方向の道を教えてくれます。

海外一人旅は苦労が付きまといます。

でもこれが本当の旅なのではないのだろうかと思います。

私の海外旅行のスタイルはバックパッカーです。

いちばん多く泊まったホテルは三星クラス、宿泊料金四〇米ドルから八〇米ドル以下で一泊平均五〇〇〇円から六〇〇〇円。

一泊一万円を超えるホテルへの宿泊は一〇〇〇日の滞在の内約三〇泊です。

その他ユースホステル・民宿・アパートへ宿泊し、星のないホテルへも時々宿泊し、最低は七米ドルでした。

世に海外旅行案内書、各国紹介の本はたくさん出ています。そうしたガイドブックと重複する情報は、あえて割愛し、道路で表現すれば表通りではなく、路地裏での体験を記述しました。

具体的には異文化に触れた、感動的であったこと、うれしかった、驚いた、人との出会い、人間ウオッチング、出入国時のハプニング、ヒヤッとした、失敗したこと、ユースホステル宿泊のコツ、お金にまつわること、治安・盗難対策です。

小紀行文として巻末にブラジル・アマゾンツアー、アフリカ・ナミブ砂漠ツアー、パナマ運河縦断、お勧め列車の旅を掲載しました。

なお、旅行した国名、旅行した年度ごとのルート、予算と実績は巻末の別表に記載しました。

1

留学と世界旅行の動機、家族の理解、資金、準備

◆留学と世界旅行の動機

スペイン語を学ぶ動機

そもそもスペイン語を学びたいと思い始めたのは以前、団体旅行ではなく、妻と一緒にアルゼンチンとチリを旅行したときにさかのぼる。アルゼンチンのサン・カルロス・デ・バリロチェからチリのプエルトモントへアンデス越えの一日ツアー（五つの湖を船とバスを利用して行く。天気がいいと変化に富んだ観光コース）に参加したとき、スペイン語のみで説明され、五台のバスのどれに乗ってよいのかわからず、もう少しでツアーにおいていかれそうになるという、苦い経験をした。ガイドは私達をブラジル人と思ったのだった。ブラジル人はポルトガル語を話すが、ポルトガル語とスペイン語は似ているので、ブラジル人はスペイン語圏をよく旅行している。

また、レストランに入るとスペイン語のメニューしかなく、英語に訳してもらったらチップを要求されたりし、食事のたびに苦労した。

しかし、中南米は陽気な国民で、私にはたいへん興味のある国々である。このとき、退職したらじっくりとスペイン語を学び、中南米をゆっくり旅行したいと考えた。世界にスペイン語圏は二〇カ国もある。

退職後であるから日本で学ぶより、思い切ってスペイン語圏へ行き、頭から足までどっぷりスペイン語に浸かって、スペイン語を学ぼうと考えた。

世界旅行の動機

世界旅行を思い立った動機は、まず第一に、旅行が学生の頃から好きだったことだ。就職内定（一九六〇年二月）後は、一日一〇〇〇円の予算（交通費、宿泊費、食費を含む）で二〇日間、寝袋を持って国内を旅行した。

第二に、五〇歳を過ぎた頃から、定年退職後は未知の国をゆっくり旅行し見聞を広め、物の見方・考え方を広げたい。旅行では行った先々の人々と話し合うことが最も印象深い思い出になる。話し合えれば、その国に住んでいる人々の考えを知り、その国の理解をより深めることができる。そのためには、なるべく団体旅行ではなく、夫婦、または一人旅をしたい。

第三に、定年の約三年前、新聞からの情報で、ユースホステルの会員には年齢制限がなく、六〇歳を超えても会員になれば世界各国にあるユースホステルに宿泊可能であることを知った。旅行をするには何と言っても宿泊代が大きなウェイトを占める。ユースホステルを利用しての旅行であれば、経費もかなり節約できる。会員になれば、私にもある程度の世界旅行の可能性がありそうだ。その瞬間、それまでは何か漠然としていた旅行計画が具体化できそうに思えてきた。

第四として、外国を理解するのに一カ国にある程度長い期間滞在し、その国の文化に触れる方法と、滞在期間は短くてもなるべく数多くの外国を旅し、異文化に触れる方法とがある。私は後者の、なるべく数多くの外国を旅行し、それぞれの国の文化に触れるほうがよいと考えた。

◆家族の理解

家族構成

計画を実行に移すには、何よりも家族の理解が必要である。

私の家族構成は、私の定年退職一九九六年一二月時点で、長女はすでに結婚、次女はアメリカ・カリフォルニア州立大学へ留学中。幸いにして妻、長女、次女ともに皆健康である。妻の両親と私の父は他界したが、母八六歳は健在である。しかし、母はまだ介護を必要としていない。

妻と母の理解

退職の一年前、一九九五年メキシコへの留学と世界旅行の計画を妻に話した。妻は協力的で、特に留学についてはぜひ実行したらと理解を示してくれた。

日頃フランス語を学んでいる妻には、私の留学とその後の世界旅行が終わったら「ぜひ、フランスへ留学したら」と進言した。

また、世界旅行は妻が参加したい国へは一緒に行こう。メキシコへも私の学校が修了したときにメキシコへ来てもらい、一緒にメキシコを旅行しようということを伝えた。

その後、時機を見て、母へもメキシコへの留学と世界旅行の計画を話した。母も協力的であった。

私の計画を実行に移すにあたって、やはり母の高齢がいちばん気になった。一九九七年当初から三年くらいはたぶん、母は大丈夫であろうと私は勝手に判断した。

定年退職後、失業保険を一〇カ月間もらっていると、何かのことで計画が延期または中止になったら誠に残念なことに終わる。したがって今、家族が元気なときに実行に移すことが最善と判断し、失業保険金も一カ月頂いたのみで、残り九カ月は放棄した。

◆資金調達

五年間かけて一〇〇カ国を旅行する。五年の中に半年または一年間の留学も含める。まず、初年度は留学なのであまり移動はしない。二年目以降、年間どのくらいの期間、旅行できるだろうか。一年で、およそ九—一〇カ月外国を旅行し、二カ月は日本にいる。二カ月の間に年間旅行計画を立てる。このパターンを四年間続ける。

結局、背伸びをして、年間一〇カ月を旅行期間とする目標を立てた。

一日宿泊費、三食、移動費（ただし、飛行機の移動費は別途飛行機代を設定）、入場料、写真代、飲料代等合計で一万円の予算にした。年間で三〇〇万円。これを五年間。日本発の飛行機代は別途年間一〇〇万円。五年間で五〇〇万円。

以上、大変ラフな計算であるが、総合計二〇〇〇万円必要となる。当初より退職金のうち一〇〇〇万円はこの資金に充当することにしていた。考えた末、残り一〇〇〇万円は株を売却し、充当することにした。

旅行費の予算と実績は巻末付録をご覧いただきたい。

◆留学の準備

留学先を決め、学校を探す

スペイン語を母国語としているスペイン、メキシコ、コスタリカを候補にしたが、退職一年前から留学費の比較的安いメキシコで学ぼうと内心思っていた。実際に動き出したのは退職五カ月前からであった。

一九九六年七月、メキシコ大使館（東京）へ行き、学校のパンフレット（英文）をたくさんもらってきた。パンフレットに目を通したが、どこの学校がいいのか全く見当がつかない。一〇月、再度メキシコ大使館へ行き、大使館員（女性）に相談した。彼女は

「まずメキシコのどこの地域にするかを決めることでしょう。都会か、地方か、地方とすればどの地域を希望するか。地方のほうが落ち着いて勉強できるのではないだろうか」

と言う。

私も都会より地方がいいと判断、地方で評判のよい学校があればいいのだが……。

パンフレットに地方の候補はいくつかあるが、クエルナバカがよいのではと大使館員は助言をくれた。「クエルナバカ」は初めて聞く地名で、場所もメキシコのどの辺かさっぱり見当がつかない。一

九九六年一一月、定年退職もあと一カ月後に迫ってきた。

クエルナバカにある学校四校のなかから、最後は私自身で学校を絞った。一九九六年一二月申し込み用紙に記入を始めたが、学校のファクス番号がコピーのため鮮明ではないことに気づいた。

件の大使館員に照会したところ、彼女も大使館にあるパンフレットのファクス番号が薄くて読めない。彼女は一〇日もしたらメキシコに行くので、その際よく調べてきてあげますからしばらく待っていてほしいとのことだった。やや不安な気持ちで返事を待つ。それから約一カ月後、彼女から私に次のような趣旨の電話があった。

「まず、学校のファクス番号がわかったので知らせる。次にクエルナバカの学校を訪ねた。当日学校はクリスマス休暇で閉まっていたが、学校そのものは継続している」とのことであった。

彼女はたまたまクエルナバカへ行く用事もあったとのことであるが、親切に学校まで足を運んでくれたのである。

学校へ入学を申し込む

一九九七年一月一九日、学校あてにファクスで申し込みをした。

申込書にはスペイン語初級を受けること、期間は三月三日から二〇週間、入学する二週間前からホームステイをしてウォーミング・アップをしたい。

二日後には返事が来て、受け入れはＯＫになり、指定銀行へＵＳドルで振り込んだ。授業料とホームステイ費用（一日三食分の食事を含む）、期間は五カ月、日本円で六八万円。一カ月当たり一三万六〇〇〇円である。

メキシコ大使館では六カ月のビザをすぐに発行してくれた。その際、以前お世話になった大使館員にお会いし、学校選定に際し、協力して頂いたことに謝意を表し、あわせて初めて行くメキシコについて種々質問をした。最後に、何か私に注意することはありますかと尋ねてみた。彼女は少し考えた末、

「もし不幸にして金品を強要されるようなことが起きた場合はすべての持ち物を出しなさい」

と言った。私は一瞬、緊張した。

出発前夜まで

定年三年前からＮＨＫラジオのスペイン語講座を聞いていたが、それまではスペイン語講座を聞くだけで、毎月テキストを購入はしていたが、きちんと暗記していなかった。

定年退職後、一月中旬より自宅でスペイン語の自習を始めた。出発の日がどんどんせまってくる。数字を覚えること、テープで会話を聞くこと、文法の本を読むことなど、やることが山ほどあった。

出発の約一週間くらい前の日だったと思うが、一瞬メキシコへ行きたくない気持ちになった。スペイン語をいくら勉強していても、相手がつかみどころのないようなものに見えてきたのである。しかし、一つだけ救いの言葉があった。

それは、これから行く学校のパンフレットに記載されていた言葉だ。

The best way to learn a language is to live it！（言葉を学ぶ最善の道はそこに住むこと！）

「ようし、あと出発するまで一週間となったのだから、もう学校へ行って勉強しよう。学校は教えてくれる場所なのだ」

こう腹をくくったら、気持ちも落ち着いてきた。

妻とも半年離れるのは初めてであり、少しさみしさもあったが、第二のライフ・ステージへの門出のような気持ちで出発前夜を過ごした。

◆世界旅行の準備

興味のある外国旅行に関する新聞記事を読むと、これを切り抜き、ファイルに収めていた。

定年二年半前には、世界旅行をしてきた人（土屋愛寿氏・元中学校教員）の講演会を聴きに行った。土屋氏は二五年間かけて一七三カ国を旅行した。旅行費用総額は一億円だという。彼は独身である。講演後、彼に質問をし、彼の書いた『地球ひとりある記』（けやき出版）を買って読む。また同日ほかの方たちの世界旅行体験談を聴き、刺激になった。

ユースホステルガイドの本を読み、ユースホステル利用に関する知識を得た。定年退職後すぐにユースホステルの会員登録をした。

頭初の五年間の世界旅行計画ではスペイン語を学んだ後、極力早めにスペイン語圏の中南米を踏破し、その後はアフリカ、または中東を旅行し、近間のアジアは四～五年目に回すというきわめてラフな旅行計画であった。

名刺の作成

世界旅行するには名刺が必要と考え、次のような英語とスペイン語の名刺をそれぞれ作成した（スペイン語は同趣旨なので割愛）。

表面 ――――――――――――――

Masamichi MATSUMOTO　　松本　正路
Home Address　　千葉県流山市江戸川台東4－314
Higashi4-314
Edogawadai, Nagareyama-shi
Chiba, JAPAN
Zipe no 270-0111　　〒270－0111
Telephone 0471-52-5438
Fax 0471-52-5438

裏面

I am traveling the world after my retirement
from THE FURUKAWA ELECTRIC CO., LTD
where I worked for 37 years till the age of 60.
During this journey, I would like to meet and
talk with as many people as possible to know
their problems and ways of life.
I think this will be an unforgettable experience
of my lifetime. From 1997 until year 2001,
I plan to visit more than 100 countries.
Please, let me know anything about your country.

(訳)

私は古河電気工業㈱を六〇歳で定年退職し、世界旅行をしています。
世界旅行でいろいろの国がどんな問題を抱え、またどんな暮らしをしているのか?
なるべく多くの人と出会い、話をしたい。
世界旅行は私の人生で忘れがたい体験になると思います。

一九九七年から二〇〇一年の五年間で世界一〇〇カ国以上を旅行する計画を立てています。貴国についていろんなのことを教えてください。

2

メキシコへのスペイン語留学

◆メキシコへ

ホームステイ先へたどりつくまで

一九九七年二月一七日、成田からメキシコへ旅立った。スーツケースと家族の写真および一年間有効の成田～メキシコ・シティ往復の航空券をしっかり身につけて。

学校からの申込書に、学校へ直接訪問するか、またはメキシコ・シティのホテルへ迎えを希望するか、とあったので、ホテルへ迎えに来てもらう（費用・五〇ドル）ことにしていた。

メキシコ・シティのホテルへ到着、夜八時過ぎ、電話が入り、明日一一時に迎えに来てくれることになった。

翌日、ホテルのロビーで待つこと一時間。昼過ぎに少年が、

「マサミチ？」

と声をかけてきた。

「イエス」

と返事をすると、少年はすぐさま玄関のほうへ走り出し、戻ってくると私のスーツケースを外へ運び始めた。私も後を追うと、婦人が運転するライトバンにスーツケースを入れ、私に助手席に乗れと言う。

車はメキシコ・シティの繁華街から郊外へと向かい走り出す。三〇分もすると徐々に山道へ向かう。

箱根の十国峠のスケールを大きくしたような山道を登っていく。進行方向左に大きな山（ポポカテペトル山）が見える。その後、徐々に下り始めた。

運転をしている婦人に英語で話しかけるが、通じない。代わりに少年が英語で答えてくれる。当初学校へ直行するのかと思ったら、午後二時過ぎは学校が閉まっているだろうから、今日は私たちの家に直行するとのこと。そこで私はやっと気がついた。この二人は私がホームステイする家族なのだと。午後二時半、無事ホームステイ先へ到着した。

初めてのホームステイ始まる

ホームステイはクエルナバカ市・コロニアル・デリシア・タバチンにあるカマラサ家であった。家族構成は夫婦と三人の子供で、長男ぺぺ（一九歳）が英語を話す。主人は三九歳。電気技師である。カマラサ宅にはすでにオーストリアからの留学生が一人ステイしていて、私がこれから行く学校へ通っていた。

当地は郊外の住宅地にあり、商店のあるダウンタウンまで車で二〇分ほどかかる。坂が多く、歩くのに骨が折れる。木々の種類は違うが、地形が日本の那須高原に似ている。

近隣の家々は高い塀で囲まれ、一軒の敷地が一〇〇〇坪を超えている区画がいくつもある。カマラサさんのお宅はどちらかと言えば小さいほうで、周囲五軒でプールを共有している。

メキシコでは盗難が多いためか、玄関のドアは二重で一つのドアを開け、さらにもう一つのドアを開ける。家の鍵を渡された。

私の部屋は六畳くらいで、ベッドと机が置いてある。部屋の中にはコカ・コーラの空き缶が山と積んであった。部屋は坂に面していて、道路より下にあるため、カーテンを開けると歩く人の足が見える。

まず私が直面したホームステイの問題点は次の点であった。

部屋はリビングルームの奥にあり、トイレ、シャワー室へ行くのに常にリビングルームを横切らなければならない。

水道水は飲料水に適していないので、各家庭ではミネラル・ウォーターを常備している。週一回業者が各家庭に約一〇リットル入りの甕を配達に来る。ミネラル・ウォーターは冷蔵庫に入っており、冷蔵庫を開けて、いつでも飲んでよいと言われた。当地は高原で空気が乾燥しており、喉が渇く。台所に家族の人がいるときに、冷蔵庫を開けミネラル・ウォーターを取り出すのはよいが、誰もいない台所で、ミネラル・ウォーターを取り出すのは若干気が引ける。

トイレは水洗だが、下水管が細く、詰まるので、トイレットペーパーは水洗容器に流さず、紙くず箱に入れなければならない。

カマラサ家では電気洗濯機を使用しているが、ホームステイの学生には貸し出さず、コンクリート製の洗濯板を使用して、洗濯ものを手洗いしなければならない。

朝食が済んでから昼食時間まで八時間あり、その間一切ものを口にできない。したがってお腹が空いてくる――

食事

朝食は朝七時。パン一枚、コーヒーまたは紅茶、パパイア少量、時によりスクランブル・エッグ。昼食は午後四時。タコスとパン一枚、ときどき、干した牛肉、ハーマイカ（少し酸味のあるジュース）。タコスはメキシコの代表的な軽食である。水でふやかしたトウモロコシを練り込んだ生地を薄く円形状にのばして焼いたものがトルティージャ。丁度餃子の皮に薄さ、色も似ている。このトルティージャ（直径一五センチ）の中にハム、ジャガイモ、玉ネギ等を入れ包み込んだものがタコスである。

またタコスを油で揚げたものをトスタータダスという。

夕食は九時。菓子パン、ビスケット、紅茶。ただし菓子パンは人数分ない。したがってビスケットしか食べない日もあった。

このメニューだと絶対に太らない。ダイエットにはよいかもしれないが、少々ものたりない。

スペイン語が話せない

ホームステイしているオーストリア男性はゆっくりではあるがスペイン語で、主人とちゃんと会話をしている。私にはその会話内容が理解できない。ところどころ主人がオーストリア人の会話部分を訂正している。私もこうなりたいと思う。主人から「しゃべらなければ駄目だ」と言われる。だがど

うしても会話にならない。一週間して話せない私にあきれてか、

「日本ではスペイン語を学校で教えないのか」

と言われた。主人はほんのわずか英語を話すが、英語で質問すると、息子と話せと言う。どうも彼は典型的メキシカン・マッチョ人間のように見える。夫人は英語を全く話せない。

学校への挨拶と通学

ホームステイ先に滞在し七日目に初めて息子ぺぺの運転でこれから入学する学校へ行った。女性経営者に挨拶する。スペイン語は話すかと質問され、

「ノー」

と答える。英語は話すかとの質問
「イエス」

と答えた。それならばよいという。スペイン語の試験はしない。一瞬ホッとする。

「ホームステイ先から学校へは行きは奥さんが車で送るが、帰りは小型バスを乗り継ぎ、バス停から上り坂を一三分歩いて帰宅するように」

とぺぺが説明してくれた。

ぺぺにダウンタウンから自宅までの帰り方を教わった。帰宅には約五〇分かかる。

これから学校へ二〇週間通うのに、これではホームステイと学校間の交通の便が悪い。学校へ通い

メキシコ・クエルナバカの位置

始めたらすぐにホームステイ先を学校から近いところへ変更依頼しようと決めた。

学校が始まるまでの二週間は郵便局へ行き、妻あてにファクスを送ったり（ホームステイのため日本への電話は使用できない）、街の様子を眺めたり、家の周囲を散策し、スペイン語の自習に励んだ。一人で散歩に出かけるときはスペイン語で書き置きをしていくとなんとか伝わったようだ。

一年中春の町クエルナバカ

クエルナバカは北緯一九度、標高一六〇〇メートルにある。地形は北側にポポカテペトル山（標高五四六五メートル）があり、丘陵地帯で市全体が坂のある街。ちなみに、メキシコ・シティは標高二二〇〇メートルの高地。

クエルナバカの建物は坂の傾斜を活用して建てられている。メキシコ・シティに比較し気候が温暖で、公

ハカランタの花。たいへん美しいメキシコ・クエルナバカでは2月中旬から4月上旬に紫色の花が咲き、花はかなりの期間、散らない

害のない街であるため当地へ別荘を持ち、週末にメキシコ・シティから来て、週明けにメキシコ・シティへ戻る富裕層、またアメリカ人のリタイア組も移住している。当地は「The city of eternal spring」（一年中、春の町）と呼ばれ、気候はきわめて快適で、二月中旬にもかかわらず、半袖で十分だ。毎日晴天続きである。日中はプールで泳ぐことができる。

雨は概して夜に降る。傘たてなぞどこにもない。二月、大木ハカランタが薄紫色の花を咲かせ（桜の花に似ている）、ハイビスカス、ブーゲンビリアがつづき、六月にはアボカドが実る。世界中の都市でプールの数がいちばん多いのがマイアミで、二番目が当地である。約四八五年前にスペイン人エルナン・コルテスがメキシコを征服した。その子孫が今でもクエルナバカに住んでいる。当地に近いところには日本女性のバイオリニスト黒沼ユリ子さんも住んでいる。

この町にはスペイン語学校が一六校あり、そのため常時五〇〇人から六〇〇人くらいの留学生が滞在している。

◆スペイン語学校

入学手続き

三月三日（月曜）、スペイン語学校への入学の日である。校名はインターナショナル・センター、所在地はモレロス州クエルナバカ・セントロ・レイバー。事務局で入学手続きをし、教材二冊を購入した。事務局の女性は英語とドイツ語を話す。

学校の規模としては小さいほうだ。経営者一名、事務局員二名、教師は通常六名（女性三名、男性三名）、生徒は一クラス最大五人で構成されている。

同じ日に入学したのは、私を含めてドイツ人、スイス人の八名で、生徒数は二〇名強である。

経営者の女性パウラからまず英語を聞き取れる人、次にドイツ語を聞き取れる人を対象に次のようなオリエンテーションがあった。
◎一〇時二〇分から一一時までコーヒーブレークの時間は外出してもよい。たとえば銀行等へ行き、用事を済ませるなど。
◎ホームステイ先では必ずベッド・メイキング（ベッドをきちんと整える）をすること。

学校経営者パウラ（左から二人目）と先生方。
事務局員ルース（左から五人目）、イザベル先生（左から四人目）。右端が筆者

◎メキシコ・シティへ行く際は地下鉄に乗らず、座席指定の高速バスで行くように。地下鉄はスリが多い。

その後、クラス分けの試験を実施したが、私は最初から初心者クラスへ振り分けられた。先生はイザベルという女性だ。

いよいよ授業がスタート

授業はたいへん辛いスタートとなった。置き換えドリルが苦手でそのうえ会話の授業では自分でしゃべらなければならない。

二日目の授業終了後、イザベル先生が、
「最初の一週間の授業をしっかりマスターすれば、後は楽になる」
と励ましてくださった。

私のクラスは生徒五名。トルコ系ドイツ人男性二名。名前はデガーとユルゲン。デガーは私より

少しスペイン語が聞き取れる。ユルゲンは私と同じくらいである。ほかにドイツから来ているニーナとステファニー。女性二人はスペイン語がよく聞き取れる。翌週クラス替えがあり、女性二人は別のクラスへ。デガーとユルゲンは彼らが帰国するまでの四週間、私と一緒のクラスだった。ニーナとステファニーは英語も話すが、デガーとユルゲンはドイツ語を話し、デガーはほんのわずかに英語を話すが、ユルゲンは英語を一言も話さないので、四週間同じクラスにいたが、残念ながら彼との会話は全くできなかった。

どの先生もスペイン語のみで授業をし、英語は一切使わない。英語で質問しても決して答えてもらえない。ただ、イザベル先生はときどき黒板に英語で単語を書いてくれるので助かった。

メキシコではスペイン語学校の先生は外国語を話せなくても資格としてはかまわない。

授業は午前八時から一〇時二〇分まで文法を中心とした教材に基づく室内授業。一〇時二〇分から一一時までコーヒーブレーク。一一時から午後一時まで、場所を校庭に移し、パラソルの下で会話を中心にボキャブラリーを増やすレッスン。これが通常の授業カリキュラムであった。

先生が私に質問する意味がわからないとき、隣の生徒へ英語でその質問の意味を尋ねてみるが、英語を話す生徒でも教えてくれる（助けてくれる）人と黙って答えない（助けてくれない）生徒に二分される。当然のことながら、私にとって助けてくれる生徒は、たいへんありがたい友人となる。

月曜から木曜までは必ず宿題が出る。八時から担当の先生、一一時から担当の先生がそれぞれ宿題を出す。ただし、金曜日だけは宿題がなく、まさに花金である。

パラソルの下で授業。
右側からフランス系ドイツ人、フランス人、先生、ドイツ人、ドイツ人

宿題については後述する。

学校の様子

授業が始まり、二週間近くで、学校の様子も次第にわかってきた。学校の敷地は道路に面した部分が高い塀に囲まれている。塀の一部に目立たないドアがあり、呼び鈴が付いている。表札は出ていない。

ドアを開けると、右手が事務所、中庭が開けていて、正面にプール、その先にはパラソルが七個、パラソルの下にはテーブル、椅子があり、おおよそ三〇人は座れる。左手には建物があり、小部屋が七室。炊事室もある。事務所の奥はホールになっており、四〇人程度収容可能である。敷き地は一五〇〇坪は優にある。

コーヒーブレークの時間、炊事係の女性（ルピーナさん）がコーヒーとサンドイッチを作り、販売する。

先生たちはコーヒーブレークの時間を楽しみにしているようだ。朝自宅でジュースだけを飲んで登校してくる先生もいる。そしてコーヒーブレークにはお腹をすかしサンドイッチを美味しそうに食べている。先生たちはコーヒーが無料であることも知った。

コーヒーブレークの時間帯がいちばん寂しい思いをする。生徒の国籍はドイツ、オーストリア、スイスの三カ国なので、この時間帯はドイツ語とスペイン語のみが飛び交う。日本人は私ひとり。英語で話している人も誰もいない。あたかもドイツ語圏に留学し、スペイン語を学んでいるようである。私はコーヒーを飲みながらひたすら人間ウオッチングをした。

通学が始まって三日も経つと、孤独感からか、暗い、ゆううつな日々が続いた。ホームステイ先へ帰宅しても家族はいるが、私はスペイン語が話せず、ステイ先でも孤独を感じる毎日であった。

◆ホームステイ先を変える

学校が始まった翌日（三月四日）、学校の事務局へホームステイ先変更の申し入れをした。

「二〇週間と長い期間であり、今のホームステイ先は学校までの距離が長い。もっと学校に近いところに変えてほしい」

二日後、事務局に呼ばれ、

「今度の日曜日にホームステイを変わるように、手配しました。今度は学校から近いところですよ」

と笑顔で言われた。

当日帰宅すると、昼食後カマラサ夫妻が私のことを話している。ああ、今日学校で聞いたステイ先変更の話だなと直感した。早速、長男ぺぺに変更理由を説明した。ぺぺはじーっと聞いてくれた。主人はホームステイ先変更について驚き、かつ変更先にそんな名前の家があるのかと興奮気味。日曜日まであと三泊、静かに耐えるしかない。このような前例はなかったのだろう。

引っ越しの二日前、タクシーを呼んであげようと主人が言ってくれた。結局カマラサ宅には一九泊し、三月九日（日曜）引っ越しをした。

新しいステイ先

新しいホームステイ先は学校と同じ通りにあり、わずか徒歩五分で通学できた。しかもダウンタウンまで歩いて行ける便利なロケーションだ。

引っ越し当日、スーツケースを持って、新しいステイ先の玄関ベルを押した。主人が門の扉を開けてくれた。私の借りる部屋へ夫婦で案内し、奥さんは、

「なぜホームステイ先を変更したのか、今までいたステイ先とこの部屋とどっちが良いか」

と矢継ぎ早に質問する。私はまだ着いたばかりで何もわからないが

「学校まで遠いこと、二〇週間と長い期間、通学すること」

と話した。主人より、この部屋にある小型の冷蔵庫も使用してよいと言われた。しかもガラスの水

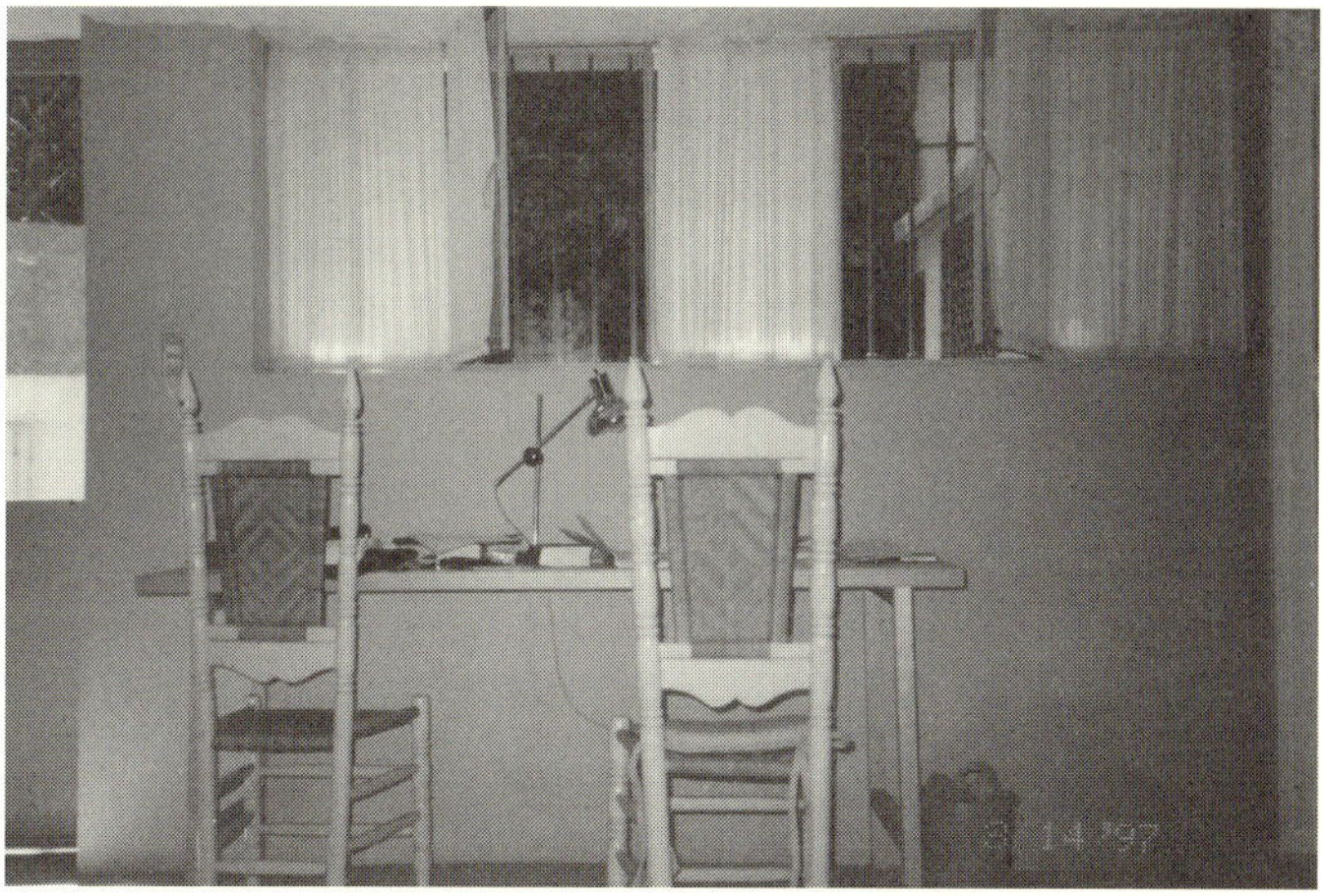

4カ月半借りたサンチェスさん宅の部屋。
中庭に面した独立した20畳ほどの快適なスペースだ。

差しまで貸してくれると言う。いやあ、嬉しかった。これからは水が飲みたいときにいつでも自由に飲めるのだ！

今度のステイ先はサンチェス家という。主人がレネ（四八歳、高校の美術の先生）、奥さんはナーニス、子供二人（長男ホセと長女アナ）。敷地は推定約七〇〇坪、数日後、ナーニスが家の中を案内してくれた。応接間兼主食堂、二階の部屋、大きなアトリエもある。建坪が広く、三階建て、ベッドルームが五つもある。ナーニスの話だとホセはかつて画家であった。サンチェス家は家族全員が英語を話す。

借りた部屋は一階から階段を下りた地下室だ。坂を利用した住宅のため、地下室の北側は地面と水平になっており、ドアを開けると中庭。開放感はあるし、部屋の大きさは二〇畳くらいあり、ベッドが二つ備え付けられていた。プライバシーが完全に守られている。部屋には静物画がたくさん壁に掛けてある。

数日後、この部屋はすこぶる快適な生活空間だという実感が湧いてきた。二メートルの長い机に椅子が二脚、ドアを開くと部屋専用の洗面所、シャワー、トイレがある。日本の我が家の造りより使い勝手がいい。しかも以前のステイ先と違い、トイレットペーパーは直接トイレに流してよい。

大きい鏡が二つ、クローゼットも二つあり、高級ホテルなみの一室であった。棚の上には日本から持ってきた家族の写真を置いた。これから一九週間落ち着いてスペイン語習得に励もうという気持ちが湧いてきた。

好環境に満足

昼食時間は一五時、夕食時間は二〇時と、以前より一時間早くなった。前述した問題の三項目、シャワー室、ミネラル・ウォーター、水洗トイレは新しい家では完全に解消した。

一日三食のメニューも以前のステイ宅とは格段に違い豪華であった。

借りた部屋の高い窓からは大きなアボカドの木が眺められ、ハイビスカスが咲いているのが見える。部屋は中庭に面しているが、表庭にはヤシの大木一本とココナツヤシの木が一本あり、一〇個のココナツが実っていた。

メキシコの上流階級を知らないが、幅広の廊下にはかなりの書籍類が収納されており、車も四台保有していた。

私が引っ越しした同日、サンチェス家にドイツ人留学生もステイ先としてやってきた。同じ学校へ通う。彼女の部屋は二階で、朝食は彼女と私の二人で摂る。彼女は英語を全く話さない。昼食は私たちも家族と一緒に摂る。彼女はドイツ語からスペイン語への変換辞書を常に持参し、スペイン語で話をしようと真剣であった。

◆異文化に触れる 〈メキシコの生活に親しむ〉

サルサダンスを習う

毎週水曜日午後四時から学校へサルサダンスを教えに先生が出張してきてくれる。私も参加する。恥も外聞もない、この環境に慣れなければ、五カ月間も生活していけない。メキシコ人のおばちゃん、自分の娘より若い同級生たちと組んでサルサダンスの基本を習う。サルサはラテン音楽で、管楽器、ボンゴ、コンガなどの打楽器で二拍子のリズムが延々と続く。腕を交差する、体を入れ替えるなど。自分の体が硬い！　足がスムーズに動かない！　一時間のレッスンで汗がしたたり落ちる。月謝は六〇〇〇円であった。

メキシコ料理作り

毎週金曜日は授業が三〇分早く終わり、一二時三〇分より女性の先生指導のもと、生徒全員がメキシコ料理作りの手伝いをする。場所は学校の調理場。会費は一二〇〇円。生徒が協力し合い、玉ねぎ、

サルサダンスのレッスン。場所は学校内

レタス、赤カブを刻み、アボカドの皮を剝く。炊事係のルピーナさんはすでに鶏肉とジャガイモを煮込んでくれていた。その鶏肉とジャガイモをスープの中に入れる。アルフォンソ先生が学校近くのトルティージャ屋へ行き（パン屋さんにたとえれば焼きたてパンを買うように）、出来たてでまだ温かいトルティージャを購入してきて、皆で作った具をトルティージャで包む。

時には具の入ったトルティージャをサラダ油で揚げる。餃子、春巻きに似ている。トルティージャは冷めると美味しくない。

学校の事務所とプールとの間にあるテーブルを細長く並べ二五名くらいが座れるようにする。でき上がった料理をテーブルに運び段取りは終了。午後一時半頃から会食を始める。

先生と生徒が一堂に会し、テーブルを囲み、校庭のプールと薄紫色の花が咲いたハカランタの大木を眺めつつ、質素でも皆で作った料理を味わうたのしいひとときだ。

メキシコ料理作り。場所は学校の調理場。
中央の女性はマリア先生、右の男性は旅行仲間のスイス航空パイロットのミゲール

フィエスタ（パーティ）

学校の授業は週単位になっており、毎週金曜日となると学校を去っていく生徒がいる。したがって金曜日のパーティ（スペイン語でフィエスタという）は送別会を兼ねることが多かった。歓迎会はない。

フィエスタが始まり三〇分も経過すると、カセットテープからサルサの音楽が流れ始める。誰とはなしに自然に肩が左右に動き始め、ルピーナが先頭をきってサルサダンスを踊り始める。私も精いっぱい陽気にリズムをとっていた。アルフォンソ先生がギターを奏でる。音楽は国境を越え、人々の心を一つにすることがわかるひと時だった。

二週目の金曜日、フィエスタも終了した後、突然生徒たちが騒ぎ始めた。三〜四名が一人の両手、両足を持ち上げ洋服のままプールへ投げ込んだ。あっという間に次から次へ人がプールへ投げ込まれる。結局六人の男性が洋服のままプールへ。私は日本人のためどうにかプール入りは免れた。でも日差しが強いのと乾燥しているためジーパンも二時間くらいでどうにか乾く。このような風景はテレビで見たことはあるが、目の前で見たのは初めて。二時間後に私は、プールでずぶ濡れになった同級生たちと一緒に週末旅行へ出かけた。

同時入学の仲間と小旅行

授業は二週間目に入った。一週間前に同時入学したスイス人男性ミゲール（スイス航空のパイロットで二八歳）から、週末のドライブ旅行（二泊三日）に誘われた。メンバーは前述した一週目に同じクラスだったメンバー五人とほかにドイツ人男女各一名。合計八名。レンタカーを借りて費用は割り勘、運転はミゲール、ほかドイツ人男性二名がする。メンバー八人の年齢は、私が六〇歳、女性三人が二三歳から二六歳、男性は二七歳から二九歳。マイクロバスを借りて全行程九〇〇キロのドライブ旅行であった。

一日目

助手席の男性がロードマップを見て、ドライバーへ道案内をする。クルマの中では学校で習ったサルサ音楽のテープを持ち込み、この歌を合唱しながら、ミネラル・ウォーター、コカ・コーラを回し飲みする。女性がパイナップル、マンゴーの皮を剝き、小さく切って分けながら食べる。女性三人で清涼飲料水、果物などを買い込んでくれていた。クルマにはクーラーがないので、窓を開けて走る。

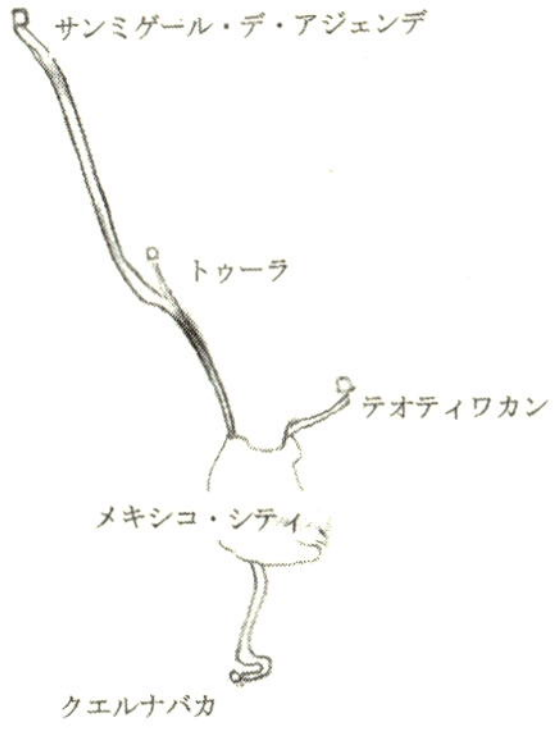

メキシコ・シティ周辺

ドライブ旅行した主要な場所

男性はクルマの窓から長い足を出す。

「マサミチも足を投げ出せ」

と言われるが、私の足は短いので出せない。

進むに従い車内では雰囲気もリラックスしてくる。女性がドライバーの肩を揉む。後部座席にいた私の肩まで揉んでもらった。外国人女性に肩揉みされるとは思ってもみなかった。

スペイン語圏では男性に何かを尋ねるとき、必ず
「セニョール（Senor !）」

と先に声をかけるようミゲールが教えてくれた。

アステカ文明のテオティワカンのピラミッドを見学した。

宿泊場所はサンミゲール・デ・アジェンデの街であった。教会が多く芸術家の街として知られメキシコ・シティの北部に位置する。

まず無料の駐車場を探す。それからホテルを探し、宿泊費の交渉だ。一泊目は一人二〇〇〇円で宿泊で

週末の小旅行でのスナップ。トゥーラの街にある石で作られたトーテム・ポール

きるきれいなホテルをミゲールとドイツ人ラルフ（二七歳）が交渉してきた。

ホテルはダブルベッド四部屋。ホテルの部屋割りが決まり、夕食へ繰り出す。この街にはレストランが多く、入り口でメニューを見せてもらっても、私はまだスペイン語が読めない。八人で入るレストランを決めるのにも大分時間がかかり、全員の合意でやっと一軒のレストランを捜し出した。食後、ディスコへ行き、全員で踊りまくりホテルに戻る。ディスコでは女性のハンドバッグも含め入場するときに必ず持ち物検査をする。危険物を持参していないかのチェックである。背の高いラルフとダブルベッドで眠る。男性とダブルベッドで眠るのは初体験である。

二日目

二泊目はトゥーラという街で宿泊。トゥーラは石でできたトーテム・ポールがあることで有名な所。

夜、軽食を済ませディスコへ行くことにしたが、場所がわからない。ミゲールたちが警察のトラックを止めて聞くと、

「ディスコまで案内するから、このトラックの荷台へ全員乗りなさい」と言われ、全員荷台へ乗った。皆荷台へ立ち、風を切ってトラックは走る。爽快である。警察のトラックに乗せられている私たちを見て犯罪者と見間違えた街中の人もいるのではないだろうかと密かに私は思った。ディスコの前で降ろしてもらったが、このディスコが「街でいちばん強烈なところだ」との警察官の説明に一同大笑いした。

そのディスコへは一〇時三〇分に入った。しかし、まだ人は少なく、一一時になっても踊る人はいない。一二時を過ぎた頃から人が押し寄せ、皆リズムに合わせて軽快に踊り始めた。

私は一二時過ぎると眠くなり、先にホテルへ戻ることとした。当日の部屋割りはデガーと同室。ベッドは二つ。部屋の鍵はロックをしないようにとデガーから忠告されていた。翌日何時頃帰ってきたかと聞いたところ、午前四時三〇分と言う。若い彼らは夜遅くまで遊ぶ習慣があるようだ。

三日目

ラルフは今日ドイツへ帰国する。帰途メキシコ・シティ国際空港に立ち寄り、彼を全員で見送った。物静かで長身、メキシコ料理は口には合わなかったと彼は私に話した。

このドライブ旅行では、スペイン語で宿泊費の交渉、道の尋ね方、安いレストランの探し方を身近に習得でき、その後世界旅行を実行するにあたり大いに参考になった。三日間ミゲールが私に、主要

なところはすべて英語で話し、ほかのメンバー六人とはドイツ語で話し、グループ全員の調整役を果たしてくれた。素晴らしいリーダーだ。そしてミゲールは三日目にほかの六人すべてがマサミチに好感を持っていると言ってくれた。何か恥ずかしくもあった。

◆授業、そして友との別れ

会話の授業は実践

授業は三週目に入った。会話の授業では、電話の掛け方、切符の買い方、レストランへ行き、スープを注文したらスープの中に虫が入っていたとき、スープを代えてもらうにはどういう表現方法がよいかを生徒同士で実践的に行うカリキュラムだ。

文法も不規則動詞の活用（現在、点過去、線過去、未来、過去未来）、接続法の現在、過去など、暗記しなければならないことばかりである。

発音はやさしいと日本にいたとき思っていたが、なかなか舌が動かず悪戦苦闘の連続である。先生も

「マサミチ、頑張れ」

と励ましてくれる。動詞の変化をマスターし、単語の数を増やし、文法をしっかり記憶しなければならない。

月一回、午前一一時から二時間、生徒全員が視聴覚室でメキシコの教育、文化のビデオを視聴した。

文化はメキシコの遺跡が多かった。解説がスペイン語のためよく理解できなかった。

補習授業と特別なカリキュラム

正規の授業は午後一時に終了するが、補習を受けたい人は事務局へ申し出て一時間の補習を受けることができる。

私も補習授業を申し込んだ。先生と一対一のときもあれば、生徒二名のときもあった。また、五月にクラウディア（女性の先生）が、メキシコの有名な壁画家ディエゴ・リベラ（一八八六～一九五七）の生涯について資料を配り、ゆっくり丁寧に二時間、解説をしてくれたときはその内容とわかりやすさに感激した。

その講義を聴いた二週間後にメキシコ・シティにある政府庁舎（大統領執務室と大蔵省）に描かれているディエゴ・リベラの壮大な壁画（アステカからメキシコ革命までの一大叙事詩）を実際に見る機会があった。あらためて感動した。

ドイツ女性と水中騎馬戦

授業終了後、週末小旅行したメンバーと学校のプールに入り遊んだ。ミゲールが、「マサミチ、僕の肩に乗り、騎馬戦をしろ」と言う。対戦相手はステファニーの肩にニーナが乗る。ニーナはミゲールの恋人である。私はニーナと腕が触れただけで自ら水中に落下した。二〇歳代の人たちと遊んでいると私の気持ちも若返ってくる。昭和一一年生まれの私には恥ずかしくもあるが、こんな楽しい経験もまたとない。

生徒はドイツ人が八〇%、日本人は私だけ

私がインターナショナル・センターに在籍していた五カ月間、日本人は私一人であった。生徒の八〇%がドイツ人、残りはスイス人、オーストリア人、夏季（六月）になるとアメリカ人が入学してきた。学校経営はドイツと関係があるようだ。

生徒の年齢層は二〇代から三〇代がほとんど。職業は会社員、パイロット、看護師、学生、ホテル秘書、ホテルオーナーの子女、タクシードライバーなど、さまざまな人々が学んでいる。

そこで私は彼らに質問してみた

「ドイツ、スイス、オーストリアからはスペインが近いのになぜ遠いメキシコまで学びにくるのか」

と彼ら曰く、

「航空運賃を払ってもメキシコのほうが費用は安いし、クエルナバカは気候が暖かい」

スペイン語を学ぶ目的は、仕事の関係、学校での単位取得に役立つなど実利を狙った語学留学である。

メキシコ・シティ周辺

クエルナバカからタスコへ

ミゲールとの別れ

三月下旬、ミゲールと四〇分ほどカフェテリアで学校のことなどを話した。彼は六ヵ国語を（スイスドイツ語・英語・フランス語・イタリア語・ドイツ語・スペイン語）話す。美男子、ユーモラスな性格、しっかりした考え方を持っている。ミゲールに、

「どのようにしてあなたの人格が形成されてきたのか」

と尋ねた。彼は、

「父親の影響をいちばん受けた。パイロットは常に一〇分先のことを考え、行動しなければならない。現在は三〇人乗りの旅客機を操縦しているが、将来はジャンボ・ジェット機を操縦するようになるだろう」

と話してくれた。

世界中で最も安全な航空会社はスイス航空と言われている。ただし、航空運賃は最も高い。

ミゲールは、

「マサミチがスペイン語をもう少し話し、僕が日本語を少し話

せたら、二人の会話はもっと楽しくなるだろうなあ」

と言ってくれた。私には何かジーンとくる言葉だった。相手の気持ちをくみとり、ここまで理解してくれる人にはなかなか出会えないだろう。彼は名刺に「You are my special friend.」と書き、special friendとはなかなか書かないよと言いながら渡してくれた。素晴らしい友に出会えた。

三月二八日（金曜日）の復活祭、メキシコは祝日である。ミゲールに誘われ、生徒一一人でタスコ（以前は銀の鉱山町として栄えた）の街へバスで出かけた。

山を掘って作られた街で、急坂が多い。今はさまざまな銀の加工品を作って販売している。その種類の多さには圧倒される。銀加工店の数は世界一だ。だからタスコの街は実にカラフルに見える。

タスコからクエルナバカへバスで戻る。今日かぎりで学校を去り、グアテマラ国へさらなるスペイン語修業に行くミゲールとバス停で別れた。

授業は毎日が試練である

語学学校での授業はあっという間に四週間過ぎた。

初日のオリエンテーションを除き、学内での行事、注意事項、情報伝達などはすべて完全にスペイン語のみである。スペイン語で先生、事務局の人が行事、注意事項などについて話しても私にはいまだヒアリングの力が十分ではない。ドイツ人は仲間が多くいるので、スペイン語がわからなくても、ドイツ人仲間から情報を得られる。

この期間、ミゲールが在籍していたお陰で、学内の行事、情報を私は彼から得ることができた。無論、彼とはクラスは別であった。もし、この四週間ミゲールがいなければ、学内の情報が得られず、さらに気分的に落ち込んでいただろう。

授業は毎日が試練である。「六〇歳で新しい勉強をしている。そしてまだこれから四カ月あるぞ！もしあと四カ月続けてもスペイン語を話せなければ、さらに半年この学校にいてもいいぞ！」と自分に言い聞かせながらの苦しい日々が続く。

六週目に入る。

四月七日より生徒が半分入れ替わり、新たに一〇人が入学してきた。生徒のなかで私が二番目に古くなった。六日からは夏時間となり、時計が一時間繰り上げられた。

生徒の在学期間は短期の人で二週間、長期の人で八週間、平均では三～四週間である。同じクラスに新しい人が入ってくると名前を覚えなければならない。先生はすぐに覚えるが私はなかなか覚えられない。名前を紹介するときに、すぐノートにメモする方法をとった。

授業のお荷物

先生の質問に答えられないことが毎日のようにあり、私のところで授業がストップしてしまう。他の生徒に迷惑をかけっぱなしで、気まずくなることもしばしばだった。

私のところで授業がストップしてしまうのは、若干、意地の悪い男性教師の授業の時が大半であっ

た。その先生があるドイツ女性に質問したところ、答えられなくなってヒステリーを興した彼女は中座し、

「ドイツの誰々さんへ、今電話してくる」

と席を立ち、その時間内に戻ってこなかった。

その一方で、教科書に沿って忠実に授業を進める先生もいた。

毎週月曜日、朝八時、先生の名前に続き、その先生に教わる生徒の名前が読み上げられる。月曜から金曜まで担任の先生とクラスメンバーは変わらない。私はその、若干意地の悪い先生のクラスへよく入れられた。しかし、我慢に我慢をする。私は語学研修には時間がかかるので、ある期間は続けて語学を勉強しなければ上達はしないという信念を持ち続けていた。

手紙の書き方

四月から会話の時間はマリア先生から指導を受けた。マリア先生の授業は、身近な出来事を表現する日常会話であった。たとえば、家族構成を一人一人聞いていく。独身ならば恋人がいるかどうかなどの質問もあった。

四月一五日の授業では、マリア先生から

「奥さん宛てに手紙をスペイン語で書くように」

と指導された。

「スペイン語の手紙の書き方」

Mi querida Takako

妻あての手紙の書き出し

Como esta usted ?

(お元気ですか ?)

Estoy ahora en clase, la profesora "Maria" dice a Masamichi

(今、授業中で　マリア先生が　マサミチへ　言われました)

escribe una carta a su esposa.

(書きなさい　手紙を　あなたの奥さんへ)

Ahora,son los PM:12:50 , est buen tiempo .

(今、　昼の一二時五〇分です　気温はたいへんよいです)

Con todo el esfuerzo ,de la clase , pero no comprendo el 100% .

(一生懸命に　授業を聞いています　しかし　100%は理解できません)

Por que no conozco mucho vocavlario .

(なぜなら　知らないからです　たくさんの言葉を)

Hasuta luego !

(それではまた)

文化の違いを会話で勉強

別の日、マリア先生はマスクリノ（masculino）「メキシコ男性優位主義」について話してくれた。具体的には、家の中に落ちている物があるとき、それを奥さんに拾わせることがあるなど、ささいなことでも女性の仕事と決めつける風習があるというようなことを話してくれた。

マリア先生の会話の授業は、一つの問題を提起し生徒に意見を言わせるケースが多い。生徒はドイツ、オーストリア、スイス人であることから様々な考え、意見が出てくる。

先生がある日、「メキシコの主婦は働きすぎか」という問題を提起した。ドイツではどうか？

ドイツ人は、

「子供の年齢にもよるが、子供を持つ女性が外で働く時間は一般的にはフルタイムの仕事ではなく半日ほどのようだ。子供の勉強を見たりすることのほうが大事である」

「私は男性ですが家事労働も手伝います」

といったことを話していた。

メキシコの具体的な問題を提起してくれるので日本との習慣、文化の違いがわかり、面白く、参考になった。

◆ホームステイ先の家族、日本の家族

レネのアドバイス

レネがスケッチしてくれたサソリの絵

三月も半ば、日本では春を迎える時期、ここでは夏支度に取りかかる。ステイ先ではプールに水が張られ、夏の装いが次第に整ってくる。植木屋さんは毎日庭の手入れに二人訪れる。ナーニスが

「マサミチはちっともスペイン語を喋らない」

と言う。サンチェス家には今までにドイツ人留学生八人が滞在したが、皆スペイン語を話したようだ。レネから

「部屋にサソリが入ってくるかもしれない。もしサソリに刺されたならば、夜中だろうと言ってきてくれ。一時間以内に処置をすることが大事だ」

と言われた。年間を通じ温暖な土地ゆえ、サソリ(alacran)、トカゲ(lagartija)、ゴキブリ(cucaracha)などのスペイン語を知らないと困ることになる。

食卓での会話

昼食はサンチェス家の人々と一緒に摂る。レネが仕事の都合で昼食時の帰宅が遅れることがある。私たちが食事中、あ

るいは食事が終わってまだ席についているときにレネが食堂に遅れてくると、先ずナーニスの頬へ挨拶のキスをする。それからレネはテーブルにつく。夫婦の間でのこのような親しさの表現は、私にとって異文化に触れる思いだ。

たまに昼食時レネが缶ビールを持ってくることがある。そのときは私も部屋の冷蔵庫へ缶ビールを取りに行き、一緒に飲むこともあった。

ナーニスの都合で彼女が食事を早めに切り上げて、外出したりするとき、

「ブエン・プロフェッチョウ」

と言って席をたつ。日本語に訳すと、

「どうぞ、ごゆっくり召し上がってください」

私はこの言葉が大好きだ!

その後この言葉はスペイン語圏旅行中によく聞くようになった。

昼食が終わり、通常デザートは出ないが、ときどきナーニスがにこりと微笑みながら食後甘いゼリー状のお菓子を少し切って出してくれることがあった。嬉しかった。

四月中旬頃からステイ先で昼食時、今日学校であった出来事をスペイン語で少しずつ、ナーニスへ話すようになった。私が話すと言葉の修正、補足をナーニスがしてくれる。

四月下旬レネから声をかけられた。何かと思ったら、今日の新聞の一面に大きく「ペルー日本大使

館占拠が終了」の見出し。レネは、

「これで完結してよかった」

と一言。私はメキシコへ来てから新聞、テレビを全く見ない生活をしているのでペルー日本大使館占拠事件を全然知らなかった。

ナーニスの誕生日

四月一五日（日曜）、大食堂のテーブルに花束が二つ置いてあったので、尋ねたら昨日はナーニスの誕生日だった。全く知らなかった。日本から持ってきた友禅染のハンカチを贈ったらたいへん喜んでくれた。前夜、夫婦、娘さんと三人でディスコへ行って踊ってきたという。学校でメキシコの流行歌「コモテモヨリダ」を教えてもらったので、私は家でもこの歌を口ずさんでいた。ナーニスはディスコでこの歌を聞き、やっとマサミチの言っている意味が理解できたと話してくれた。

今、メキシコにはあまりダンスホールはなく、一八歳以上になると男女ともにディスコへ行く。私も先生や生徒と一緒にディスコへ行った。メキシコでは子供が一八歳になると親は完全に大人扱いをする。長女アナのボーイフレンドは公認であり、彼女専用のクルマもある。

日本の家族との連絡

月日が進むにしたがい、家族との連絡も、決して忘れるわけにはいかない。学校ではファクスを受信してもらえる。受信料四〇円。ただし、発信は不可で、郵便局へ出かけて発信する。

妻からは千葉の自宅の周辺の、春の訪れを伝える内容、アメリカ・カリフォルニア大学留学中の次女からはホームステイ先へ電話したところ、なかなか自分のスペイン語が通じなかったと、いらだちに近い伝言などのファクスが届いた。

四月上旬には妻から「若いヨーロッパ人と一緒にヨーロッパ語を学ぶのは厳しいでしょう。初めからハンディがあるのです。彼らにとっては同じルーツの言語。気負わずに、楽しみながら、気長に勉強をするように」と励ましのファクスをもらった。

ちなみに英語とスペイン語の語彙は四五%が共通の語源に由来している。スペイン語は英語、ドイツ語とは「いとこ」の関係であり、フランス語、イタリア語とは直接一つの言葉から生まれたので「兄弟」にあたる。

◆留学期間もほぼ半ば

経営者パウラ宅への招待

四月中旬に、先生、事務局、生徒全員をパウラが自宅に招待し、フィエスタを開催した。家にはプールがあり、ビール、ジュース類は水道の水で冷やし、その上に氷を載せてある。

家とプールとの間にパラソル、テーブル、椅子がセットされ三〇名は座れる。

マリアッチも三人来て、演奏が始まる。マリアッチはバイオリン、トランペット、ギター、大型ギ

パウラ宅でのフィエスタ・正面女性がパウラ。左のギターの男性たちがマリアッチ

ターなどから編成する楽隊。どんな悲しい歌も元気に賑やかに演奏する。ソンブレロをかぶり、独特の服装で、裏声、腹から出す大声が特徴だ。私は軽食を摂りつつ、カメラのシャッターを押した。

家の中ではサルサダンスを一部の人が踊り始め、私もパウラから誘われ一緒に少し踊った。彼女は踊りが上手である。

フィエスタが終わりに近づいた頃、プールではスイス人男性ラディがオーストリアの女性マリオンをプールに突き落とした。彼女は洋服のまま泳いだ。びっしょり濡れた彼女はプールから上がってきて、今度は逆に彼をプールに突き落とした。

良い先生、悪い先生

学校の授業は九週が終わり、あと一一週である。相変わらず、記憶しなければならない動詞の変化がたくさんあり、単語の数も増やさなければならない。動詞の変化を家で覚える時間が月曜から金曜まで少なく、土曜、日曜に暗記しなければならない。

毎週月曜日、八時からの授業では先生から、週末どんな過ごし方をしたか、クラス全員に聞かれるのが通例であった。日曜日の夜には、明日この話をしようと少し考えておく。

一〇週目に入り、初級の生徒がいなくなり、スペイン語に精通した人たちのクラスへ編入した。たとえば、黒板に先生が動詞の変化を間違って書くと、即座に間違いを指摘するドイツ人もいる。

コーヒーブレークのとき、ある生徒からA先生は評判がよくないと聞いた。私はまだその先生に教わったことがなかった。よくない先生とは「二時間、この本を読んで感想を述べよ」。これが悪い先生だと教えてくれた。

その後、実は私も一回全く同じ経験をした。その時間、クラスは私一人だけだった。前述した意地の悪い男性教師は

「この部分五頁を読み、何が書いてあるか、後で感想を話しなさい」

と言われた。そのときは黙っていたが、後日、ディスコへ一緒に行ったとき、その先生にあるお返しをした。すると先生にはそれがたいへん効いたようであった。二度と私に手抜き授業はしなかった。

数日後、その先生はコーヒーブレーク時に他の先生達にディスコでマサミチにやられたと話したようだ。私は女性の先生から「マサミチは……」とにらまれてしまった。

宿題について

入学当初、宿題を終了するのに一言一句辞書を引かなければならず、二時間以上かけなければならない日が週のうちかなりあった。

授業が始まると、どの先生もまず宿題を出しなさいと言う。生徒は皆まじめに宿題をしてくる。順番に口頭で言う、あるいはペーパーで提出する。

日が経つに連れて、ほかの生徒が宿題に取り組んでいる様子を見るとドイツ人たちはどうも宿題に余り時間をかけていないようだ。人にもよるがダウンタウンのカフェテリアで悠々と時を過ごしているわが校の生徒がたくさんいる。私にはその余裕の時間がなかなか持てない。

三カ月を過ぎた頃、先生が宿題を出しなさいと言うと、ゼスチャーで

「ああー、やってこなかった」

と困った表情をするドイツ男性がいる。それが毎回である。しかし、いつもちゃんと宿題はやってきている。よくできる人である。いろいろな生徒がいるものだ。

毎週月曜日の朝が楽しみ

すでに記述したが、毎週月曜日にはほぼ新しい人が入学してくる。どんな人が入ってくるのか人間ウオッチングが楽しみだ。特に私と同じクラスへ、男性でも女性でもいいから、個性のある、いい人が来ないかなあと思う。一方、金曜日は同じクラスで学んだ友が去る日である。これで彼ともお別れかと思うと寂しくなる。

スペイン語にどっぷり

寝言も独り言もスペイン語

不規則動詞の変化を覚えようと繰り返し、繰り返し暗誦しやっとマスターしたと思い、翌日その部分を復唱すると、「途中で何か忘れている」と気づき、記憶力の衰えを感じ、ガックリくる。若い頃ならば、とっくに次の段階に進んでいるはずだと情けなくなることがしばしばあった。しかし、ここまでやってきたのだから、投げ出すわけにはいかない。

寝ていて、明け方スペイン語が出て、「ああ寝言だった」と気づくこともあった。また、朝ベッドから起きながら、スペイン語で独り言を喋る。頭の中はどっぷりスペイン語に浸かされていた。そしてこの体験こそ、わざわざメキシコの小さな町にまで学びにきてしたかったことなのだ。

マリア先生の授業

五月八日、学校でマリア先生からがテスト用紙の原本を一枚渡され、ダウンタウンの店でコピーを五枚とり、九日先生に渡すよう言いつかった。コピーをしてダウンタウンのレストランに入り、久しぶりに一人で夕食を摂った。

そのコピーを眺めていたら、近くのテーブルにいた若い男女が、同じテーブルに来ないかと誘ってきた。スペイン語で話をし、そのうちテスト用紙を私が出し記入してほしいと頼むと女性が快く受けてくれた。一〇分くらいで二〇項目の動詞の変化を記入してもらった。

翌日、先生が私に、

「テストを家でやってきていますね」

と言うので提出したら一〇〇点満点だった。先生はマサミチ自身がやったのかと聞くので「人に手伝ってもらいました」と言ったら、それはたいへんよくないと怒られてしまった。ほかの生徒は授業中にテストをやっていた。マリア先生は教員歴が二八年あり、メキシコの慣習、考え方をじっくり話してくれる、深みのある人物だった。

以前よりマリア先生には補習授業で発音を習っていたが、五月中旬、雑談をしているうちにレストランで週一回発音レッスンを受けることにした。

七月にはほかの先生、もう一人の生徒とマリア先生の家に招待を受けた。人柄のよいご主人もおられ、質素な家ではあるが、温かいもてなしを受けた。

インテルカンビオ始まる

四月下旬、コーヒーブレーク時、アルフォンソ先生から次のような問い合わせがあった。

「あるメキシコ人で日本語を習いたい人がいる。その人にマサミチが日本語を教え、その人はマサミチへスペイン語を教える」

スペイン語でこれをインテルカンビオ（intercambio＝時間を二分し、お互いにそれぞれの言語を教えあう）という。私はぜひお願いしたいと申し出た。このことについて彼は私に誰にも口外するなと言う。先方と連絡をとってくれることになった。ホームステイ先の電話番号をメモしてアルフォンソに渡した。

五月初めステイ宅へメキシコ人女性から電話があり、すぐインテルカンビオのこととわかった。そして五月八日、九日と昼食後先方の家に出かけた。

そのメキシコ女性はメキシコ工科大学経済学部の先生をしていた。子供さんは二人いる。年末に青山学院大学大学院で経済学の集中講義を二週間する予定である。日本ではホテルに宿泊するが、食事は一人で外食をしたい。ついては日本の食事について日本語を学びたいとの趣旨である。外国人に日本語を教えるのは初めての経験であった。打ち合わせの結果、できれば週二回、一回の時間は一時間とした。したがって片方が教わる時間は三〇分である。しかしお互いに金をかけずに済むので、たいへんに効果的な語学習得法である。日本語を教えるときは事前に資料を作成しておき、これを使用した。

ある日ナーニスからインテルカンビオでお互いに言葉がわからないときは何語で話すかとの質問があった。

「私は英語で話している」と答えたら、「それでは駄目。スペイン語を使わなければ」と言われた。

六月下旬までインテルカンビオは継続した。ある日、その女性より夫がイギリスへ二年間留学することが決まり、一家揃ってイギリスへ行くと目を輝かして話してくれた。

「うわぁ、しゃべるようになった！」


五月一一日、久しぶりにオーストリア女性のマリオンに会って雑談したら、

「マサミチ、しゃべれるようになったね！」

と言われた。その瞬間少し照れたが、日が経つに連れて彼女から言われた「しゃべれるようになった」の言葉をかみしめ嬉しくなった。

私が入学したときから彼女は学校にいたので、当初から私の実力を知っていた。しゃべれるようになったかどうかは「自分でわかるのではなく、他人が私の話を理解できる段階で評価されるものだ」と気づいた。

マリオンのスペイン語は完璧で、学校の経営者、事務局員、先生と生徒間の潤滑油的役割を果たしている人だ。

振り返ってみると二月一七日にメキシコへ来てから、五月一六日で三カ月になる。

在職中、ある元政府役人だった人から、

「皆さん（政府の人たち）海外に行かれ、当初その国の言葉がしゃべれなくても、三カ月くらいすると何とかその国の言葉を喋れるようになるものですよ」

と言われた言葉を思い出した。

私はこの日を境にまだわずかしか知らないスペイン語をどんどん使って話し始めた。

アルフォンソ先生と同級生のオーストリア女性マリオン

アルフォンソ先生

三月の四週目、会話授業の担当はアルフォンソ先生であった。それから一カ月後また彼から教わることとなった。スイス人ミゲールの「アルフォンソがいちばんよい先生である」との言葉を私は忘れていなかった。アルフォンソ先生はこの学校のなかでいちばん教え方がうまい。

彼の教え方はクラス一人ひとりの様子を見て、何となく全体が緩んで見えるときは、ソフトボールを持ってクラス全員屋外に出ようと言う。運動場でボールを相手に投げながら、自分の知っている スペイン語の単語を言わせる。ボールを受け取った人はなるべく早く、次の人へスペイン語の単語を言いながらボールを投げる。教室から出ると気分転換にもなる。

五月中旬から生徒数が少なくなり、一二名となった。男性の先生が一人減った。

全体の生徒数が減ったことで、アルフォンソ先生のクラスで生徒が私一人のときも週一回くらいあった。そのとき、私が文章も単語も一冊のノートにメモしていたら、先生がノートを取り上げ、すべてページを見て、

「君、メモの仕方、駄目だ！　単語は別のメモに書きなさい」

と忠告を受けた。

今まで、先生が黒板に書き、または話した単語だけを小さいメモ用紙に書き、その横にドイツ語を書いている生徒をたくさん見てきた。そして彼等はこの小さいメモ帳をポケットに入れ、単語を覚えながら授業以外の時間を過ごしているのであった。

アルフォンソは直感力もある。六月のある授業中、私は気づかなかったが、スイス人女性シモネ（スペイン語が達者な小柄の美人）が時間中ボーッとしていたら、先生は彼女に「今、何を考えていましたか」と質問した。彼女は「スイスに残してきた子供のことを」と率直に答えていた。生徒の気持ちに心を配る先生であった。

いちばん校舎から離れた静かなパラソルの下で、アルフォンソと一対一の授業を受けたときは二時間、雑談に終始したことも三〜四回あった。

第二次世界大戦で日本領土が米軍に爆撃されたとき、どうして高射砲で飛行機を打ち落とせなかったのかといった意外な質問も受けた。（パラソルとパラソルが近い場所は隣の会話授業の声がこちらに聞こえてくる。どこのパラソルにするかは先生の判断である）。

アルフォンソは私に日本語をマスターするのは難しいと言う。そのことを彼はスイス人シモネにも話したらしい。シモネから
「日本語は難しいんですってねえ」
と言われた。フィエスタの後でアルフォンソが一回だけ英語をしゃべるのを聞いた。流暢な英語であった。

アルフォンソ先生と一対一の課外授業

五月上旬からアルフォンソ先生にはインテルカンビオの経過報告を時々していた。

あるとき、アルフォンソと話をしていて、

「スペイン語が上達するには一対一が最も効果がある。マサミチが本当にスペイン語を覚えたいのであれば僕が個人指導してあげてもいい」

と言ってくれた。私もアルフォンソに教えてもらえれば、教え方は上手だし、ありがたいと話した。具体的な報酬の話は学校内ではまずいから、カフェテリアでということになり、彼とカフェテリアで話した。一回最低二時間はしないと効果は上がらないと言う。私は宿題にも時間がかかるので、一回一時間半にさせてもらうことにした。さて、時間当たりの報酬はマサミチから提案しなさい。彼はその額に対し、イエス、か ノーの返事をすると言う。さて、困った。先生の給与の相場を全く知らない。私が学校へ支払った額のうち、ホームステイ費が何割なのか？ 六割は学校サイドにいくのか？

そこから学校の維持費、運営費、先生の給与を推定するしかない。試算してみる。ある額を言ったらアルフォンソに、

「給与はもっと安いよ」

と言われた。結局一回四五ペソで教えてもらえることになった。当時一ペソ一六円だから一時間半七二〇円で決着。その効果はあると考えた。

場所は学校の近く、こぢんまりした静かなカフェテリア。一対一で教わり始めた。いろいろな教材を沢山持ってきてくれる。教え方は上手。私の能力に合わせて向上させようと努めてくれる。しかも学校のときより先生は真剣で熱が入る。アメリカ人がスペイン語を習う教材が大変に充実していることがわかった。これらを貸してもらい、コピーをして先生に返した。

習ったのは結局五週間であった。短期間で頭にたくさんは詰め込めなかったがどのような教材を用い、どのようにスペイン語を学んでいけば、効率がよいかがわかった。アルフォンソに出会えて良かった。彼は親日家で、二八歳である。日本でスペイン語を教えて、また日本語を学んでもらったら日本とメキシコのよい架け橋的人物になるだろう。

毎日が猛烈に忙しくなる

正規授業以外に五月上旬からインテルカンビオ、五月中旬からマリア先生に発音を習い、六月初めからはアルフォンソにも習うことで月曜から金曜まで予定がびっしり組まれた。毎日が猛烈に勉強で

忙しくなってきた。

学校には六月からアメリカ人三人が入学してきた。私たちのクラスにはアフリカ系アメリカ人の男子学生が入った。

始業時間と終了時間の鐘はルピーナが鳴らす役目であった。その日は終了時間が八分以上過ぎているのに鐘が鳴らない。シモネから
「マサミチ、ルピーナのところへ鐘を鳴らすよう行ってきなさい」

と言われた。

「ルピーナへ伝えるにはマサミチがいちばん良い。ルピーナはマサミチのことをいつも思っている」

と言う。するとオーストリア人の女性も、

「本当よ」

とシモネに同調する。その間先生は黙っている。どうやら、学校内で私とルピーナのウワサがたっているようであった。当方の感情はいたってニュートラルであるが。

コーヒーブレーク時に雑談

先生たちと雑談できるようになった。先生たちがコーヒーブレークの時間帯に集まるテーブルは、いちばん奥のテーブルが定位置になっている。コーヒーブレーク時、私がいつも一人で休憩しているのをルピーナは毎日見ていたのだろう。五月のある日、ルピーナから

「マサミチ、先生たちのところへいって、話をしなさい」

と声をかけてくれるようになった。それ以降、ときどきコーヒーブレークのときに私も先生たちのテーブルへ行き、雑談の仲間入りをするようになった。

アルフォンソ先生とは朝の授業前、コーヒーブレーク時、ほぼ毎日顔を合わせると一分でも二分でも話をするようになってきた。するとほかの先生、事務局員がアルフォンソへ仕事のことで話しに来る。あるいはアルフォンソ先生がほかの学生を呼び込んでしまう。自然に話の輪が広がる。

スペイン語の会話途中で英語が

六月、コーヒーブレーク時、ドイツ人青年が一人で休憩していたので、話してもよいかと問うと

「どうぞ」

と返事があった。彼から英語、スペイン語と聞かれたので私はスペイン語と言い、話し始めた。会話が進むに従って、途中で私は英語を使った。すると彼は、

「僕は英語とスペイン語をハッキリ区別できるよ」

と言った。私のスペイン語会話はまだまだ未熟であることを痛感した。なぜ途中で英語に変わってしまったのか？　スペイン語で知らない単語を知っている英語の単語に自分で置き換えてしまったのだ。

スペイン語がよくできる生徒たち

私はクラスメイトでスペイン語ができる人達に、学校へ来る前どのようにスペイン語を学んできたか聞いてみた。

次のような答えが返ってきた。

一、グアテマラでスペイン語の勉強をしてきたドイツ人男性Aは
「グアテマラでは先生と一対一で学習ができるから上達が早いよ」

二、当学校を修了した後コスタリカのスペイン語学校へ行くドイツ男性Bは、
「メキシコの学校とコスタリカの学校（先生と一対一）とを比較してみたい」。彼の顔は自信ありげだった。

三、フランスに二一年間生活していたドイツ男性Cは、
「フランス語ができるとスペイン語は似ているので楽だよ」

四、ドイツ人男性Dは「奥さんがチリ人」。チリはスペイン語が母国語である。

◆ホームステイ先での日々

パーティ（フィエスタ）

メキシコ人はパーティ好きだ。五月三日（土曜）、ステイ先のレネ主催のバーベキューパーティがあった。ナーニスが料理を作り、レネと私が隣の敷地へ運んだ。日差しが強いので、すでにテントは

ホームステイ元のテラスでの食事
左から三人目が奥さんのナーニス、右端が主人のレネ

張ってあった。

招かれた人たちは日頃サンチェス家に出入りしている植木屋さん、土木屋さん、運送屋さん、お手伝いさんとその家族総勢二五名。

気温が高く、日差しが強い。半分に切ったドラム缶へ水を入れビール、ジュース類を冷やす。さらにその上に氷を載せておく。

驚いたことに、メインディッシュである肉は羊肉。バナナの葉で包み色は真っ黒、リンゴ箱より大きいダンボールに入っていた。これを焼く。レネの話ではこの肉は価格が安い。肉の色が黒くなっているのには驚き、かつ食べたら妙な味がした。


五月四日（日曜）はナーニスの母親、妹さん、その他親戚夫妻と子供が来た。

庭のテラス（すぐ近くはプール）に屋外用テーブルと椅子を出し、ワイン、ビール、パエリヤ（混ぜ

長男ホセ（左から五人目）の誕生パーティ大食堂にて

ご飯）料理、アイスクリームなどが食卓に載った。優雅なひと時を過ごさせてもらった。

誕生日は盛大に

メキシコでは誕生日を家族で盛大に祝う習慣がある。三月二〇日、長男ホセ（一五歳）の誕生祝いは、母方の祖母、長女アナ（一九歳）のボーイフレンド、ホセの従兄弟二人と私、同じくステイしているドイツ人女性の計一〇人、大食堂で昼食を摂った。

ホセは合気道を稽古しており、日本への関心も高い。いつも昼食のときには

「マサミチ！　コミィダー（昼食の意味）」

と一階から大きな声をかけてくれる。

学校でも先生、生徒の誕生日に当たると、フィエスタで大型のバースデー・ケーキが贈られる。ケーキにロウソクが立てられ、当人がロウソクを消した

後、誰となく、

「ベッソー（キスを）、ベッソー」

の声がかかかる。当人がケーキの端にキスをする。そこをすかさず当人の頭を後ろから押す人がいる。口の周りと鼻にケーキが付く。そこで全員が大笑いする。パウラは慣れたものでこのケーキの崩れた部分を当人に渡し、ほかは人数分に切り、全員でケーキを食べる。楽しい風習である。

私の部屋が床上浸水

五月中旬、学校から帰宅後集中豪雨となった。約二〇分後、私の部屋の床が濡れてきた。そのうち水かさがどんどん上がる。一階へ行き、お手伝いさんを探すが不在。ナーニスに、

「水が」

と言うが通じない。どうしても地下室を見てもらわなければならない。必死に手招きし、やっとナーニスも部屋へ来てくれた。床上浸水（約一〇センチ）を見てナーニスはびっくり。彼女は急いで中庭へ出る。私も後を追う。彼女はマンホールのふたを足で動かそうとしていた。私が手でマンホールのふたを開けると、それまで溜まっていた中庭（コンクリート）の雨水は勢いよくマンホールの中に流れ、同時に部屋の水も流れ出し、水は一〇分ほどで引いた。部屋から中庭へ出るのにドアがあるが、床とドアとの間に隙間が三ミリくらいある。雨水はそこから入ってきたのだった。

ナーニスの話では、以前業者にマンホールのふたを開けておくように言っておいたが、閉められて

いた。

翌日レネが、

「部屋に魚はいなかったか」

とジョークをとばし、大笑いした。

ナーニスより絵皿をもらう

ナーニスとレネがモレーリア地方（メキシコ・シティの西約二〇〇キロメートルに位置する）へ旅行してきた。モレーリア地方の絵皿をお土産に頂いた。直径一七センチ。のどかな田舎の風景画である。

サンチェス家に滞在していたドイツ人女性は四月上旬に帰国し、六月からはハイチ系アメリカ人女性が入居してきた。彼女はハイチ出身のためフランス語を話す。当然スペイン語もかなり話す。

土曜、日曜にホームステイ先にいても一向に差し支えないがたとえば昼食、夕食は不要と言うとたいへん喜ぶことがわかってきた。

学校とホームステイ先との関係

学校とホームステイ先のホストファミリーはよく連絡をとっている。

毎週開く学校のフィエスタには各ホストファミリーも協力している。缶ビール、ジュース、紙コップ、紙ナプキンなどを提供している。私も五月から、学校のフィエスタがある前日にナーニスから明日学校へ三〇人分の紙コップ、紙ナプキンを届けるよう依頼されるようになった。

学校でフィエスタが開かれると、毎回ではないが、学校側はホストファミリーを招待することがある。

ナーニスは学校のフィエスタに私が滞在していた期間、来られなかったが、以前ホームステイしていた奥さんにはときどき、フィエスタでお会いした。

◆ノスタルジー

家族との連絡

家族との連絡は常時とり続けていた。母親にはこのような手紙を送った。

　　松本　たま　様

前略

メキシコへ来て二ケ月半が過ぎました。四月二九日の朝四時頃ふと目が覚めました。夢を見ていました。その夢は父上が夜遅く元気で家へ帰ってきて、母もいました。その家は西荻窪の家と違った姿をしていました。ふと我にかえったとき、ああ父上はもういないのだと気がつきました。ただそれだけのことですが母上へ報告をしたくて手紙を書きました。六〇歳で定年退職し、自分の体が元気で家族にも病人がいない現在の状態は、私が生涯でいちばんしたいことを自由にできる、人生で最も充実した期間と考えています。

わずか二カ月半でメキシコがどんな国かは語れませんが、当地は年間を通じて暖かです。大きな家を一軒借りると一カ月の家賃は二五万円です。果物の種類が豊富で価格が日本に比較して安いのにはびっくりしています。オレンジの外観はカリフォルニア産と違って少し黒く、やや小さめですが、オレンジを二つに割ってこれをしぼってジュースにしますとたいへん甘く、美味しいです。このオレンジジを日本に持って帰ることはできませんが、当地に一カ月でも来て毎日このメキシコのオレンジジュースを飲んで美味しさを味わってほしい気がします。またパパイア、マンゴーもいろいろの種類があり、大変おいしいもの、それほどではないものもあります。リンゴの形は小さいのですが味は大変によいです。ブドウは値段が高いです。誕生日にブドウを年齢分の数だけ食べることもあるようです。メキシコの野菜、果物の多さはアメリカ大陸随一と言われています。

メキシコ人は誕生日をたいへん大切にしています。息子の誕生日におばあさんを招待して、おばあさんは孫の頬へ挨拶のキスをしています。孫といっても一五歳です。一週間前にメキシコ人（二七歳の大学生）と一緒に彼のおじいさんとおばあさんの家に泊めてもらいました。その大学生がおじいさん、おばあさんへの挨拶は頬を寄せ合う事です。そして大学生は彼等にたいへんにやさしくしています。家族の絆を大切にしているのが良くわかります。

母上の誕生日（八七歳）もちょうど一カ月後ですね。今回は何もできませんが、はるか遠い国から誕生日おめでとうございます。まだまだ元気で、人生を楽しんでください。日本とメキシコの生活上の違いはたくさんあります。日本のほうがよいところもたくさんあります。メキシコでは収入の低い家でもそれなりに生活を楽しんでいます。一日の生活を楽しむという点ではメキシコ人のほうがすぐれているようです。人種は、スペイン人と先住民族とが混じり合い、今のメキシコ人が存在しているのです。七月下旬までメキシコにいます。またお便りをします。草々

また、妻にもこちらの様子を伝え、プエブラ市を一泊したときに知ったタラベラ焼きの値段、それを空輸するときの値段などさまざまな情報を伝えた。

メキシコのパパイア

日本ではパパイアは未だ値段の高いフルーツであるが、メキシコではごく普通のフルーツとして一般家庭で賞味している。

メキシコの大型スーパーマーケットにはパパイアが山のように陳列してある。日本で通常販売されているパパイアは主としてハワイ産であり、長さ約一二センチくらいである。メキシコのパパイアはハワイ産と同じ位の大きさのも売っているが、アメリカンフットボールの大きさより少し小さいが、長さ約二五センチくらいのものが八割くらいを占めている。

その大型のパパイアの皮を剝くと中は鮮やかな橙色。

メキシコ駐在日本人奥さんの話ではスーパーマーケットでこのパパイアの山からちょうど熟した食べ頃のパパイアと思って購入してくるが、なかなか美味しいのに当たらない。その見分け方が難しいと言っておられた。サンチェス家ではパパイアのちょうど食べ頃のものを毎日大量に食卓に出してもらっていた。大変に美味しい。学校からの指示で留学生には必ず朝食時、フルーツを出すことになっている。現地の人はその見分け方を良く知っているようだ。

外見で中味が「ちょうど食べ頃のもの」を探すのにはどうもノウハウが必要だ。さて、どのようにして「ちょうど食べ頃のもの」を見つけ出すのかは聞きそこなってしまった。

当地で日本人・日本人移民の人たちに会う

五月二日、クエルナバカへ日本の藤沢青少年交響楽団（一七歳から二〇歳）が訪れるので、コンサートを聴きに行った。黒沼ユリ子さんのバイオリン演奏もあると聞き、入場料一，六〇〇円で楽しいひと時が過ごせた。メキシコに来てからこれだけ多くの日本人に会ったのは初めてだった。邦人に会って心強く思った。

黒沼さんは来賓でスピーチされたクエルナバカ市長のスペイン語を日本語に訳され、また藤沢青少年交響楽団の団長挨拶もスペイン語に訳された。寺田メキシコ大使（ペルー人質事件のときはペルー臨時代理大使をされていた）も来られた。

今回の藤沢青少年交響楽団訪問では、日本で集めた古い子供用バイオリン二〇〇セットをクエルナバカ市へ寄贈した。コンサート前日には黒沼さんは楽団員全員と付き添いのお母さんたちを自宅へ招いていた。

黒沼ユリ子さんが日本とメキシコの架け橋的存在であることが強く印象に残った。

日本の旅行ガイドブック（メキシコ編）によるとクエルナバカのダウンタウンに「紅葉」という日本食レストランがあると記されていた。

三月のある日、レストラン紅葉を訪ねるとたまたまオーナーの中井三樹男さんがおられた。今後、ここを是非情報交換の場所として利用してほしいと言われた。何度か日本へのファクスを送信してもらった。

また、中井さんからの紹介でモレロス州立大学院生ハビエル・サンチェスにお世話になり、メキシコ・シティ、プエブラ、テポストランへ車で案内してもらった。

ハビエルは日本へ留学経験があり、日本語も話す。後に、彼は日本女性と結婚し、現在は駐日メキシコ大使館に勤務している。

中井三樹男さん、ハビエルとの交友は帰国後の今も続いている。

移民の人達

滞在していた一九九七年はメキシコへの日本人移民一〇〇周年にあたり、ＮＨＫも取材に来ていた。

メキシコのベネチアといわれるソチミルコ
客を乗せたゴンドラがたくさん運行されている

クエルナバカのダウンタウンでカメラ屋を営む沖夫妻も日系移民一世である。写真の現像、焼付けはいつも沖さんの店に依頼していた。私には特別割引をしていただいた。そして沖氏の叔父・佐伯さんの誕生パーティに私も招待された。佐伯さんはメキシコ・シティ在住で九二歳。広島県出身で、移民して六九年になる。NHKは専ら佐伯さんを取材した。集まった人たちは二世、三世、四世で顔つきは日本人に似ているが、会話はすべてスペイン語。このフィエスタには七〇人が集まった。八人からなるマリアッチの楽団が演奏する華やかなパーティだった。

日帰り旅行でハメをはずす

六月に学校では、バスを借り切り、日帰り旅行があった。午前一〇時三〇分からバス一台に先生、生徒全員が乗って、ソチミルコという運河へ出かけた（参加費徴収あり）。ゴンドラも一台借り、運河をゴンドラはゆっくりと行く。牧歌的風景である。ゴンドラの中ではテキーラを飲み、ダンスを踊り、食事をし、皆と話した。マリアッチの演奏を聴く。ここは別名メキシコのベネチアと言われているところ。

帰りのバスでは酔いがまわって気分がよくなってきた。

バスの中でパウラはホイッスルを吹いて皆にこれからバスが停まる箇所と明日以降の簡単なスケジュールの説明をした。説明後、パウラにそのホイッスルを借りたいと言うと、彼女はホイッスルをベロベロになめた。それでも貸してほしいかと、言うので、私がぜひと言うと彼女は、

「マサミチには明日から学校を変えてもらう」

と言う。私は、

「この学校が気にいっており、インターナショナル・センターにいたい」

と切り返した。

翌日になり、昨日は若干はしゃぎすぎたと思ったが、やっとこの学校での生活に慣れてきたのだなあと実感した。入学して四カ月が過ぎ、何とかスペイン語が聞き取れ、少し話せるようになってきていた。

◆終わりのときが近づく

パウラは六月にドイツへ一週間出張した。営業部長も兼ねているのだ。四カ月以上学校に在籍して

いる私は学生としては最古参になった。

生徒が少なくなると、先生も「一時休暇」を宣告される。マリア先生からも内部事情を漏れ聞く。先生たちの給与は安いようである。女性の先生は皆共稼ぎである。学校の規模から考え常時生徒が二〇名くらいは在籍していないと経営も難しいのではないかと思ったりもした。

別れのとき

私自身で決めた学校修了まであと一週間になると、生活が忙しくなってきた。夜の飲み会が増え出した。七月二八日メキシコを去った後は中南米を三カ月旅行する予定。航空券のみ購入した。七月一〇日パウラからマサミチのフィエスタをしたいとの話があった。今まで多くの生徒のフィエスタに出て、一緒にスペイン語を学んだ友達を見送ってきた。とうとう私の番が来たのだ。スピーチ文案を作り、友人ハビエルに文のチェックをお願いした。

七月一七日フィエスタが開かれ、パウラが気を利かせて学校にマリアッチ三人を呼び、演奏会も開かれた。私が通った二〇週間で学校にマリアッチが来たのは初めてである。最初にパウラが挨拶、その後、私は次のように別れのスピーチをした。

「私はインターナショナル・センターで二〇週間スペイン語を学びました。私が三月この学校へ入学したときはスペイン語を全く話せませんでした。しかし、今スペイン語が少し話せるようになりました。これは校長パウラ、事務局員のルース、そして先生方のお陰です。たいへん感謝いたします。今、私はこの巣から出て、七月二八日からスペイン語圏の国々へ旅行をします。

この学校でメキシコ人、ドイツ人、スイス人、オーストリア人、アメリカ人と知り合いができました。今日、生徒全員と私のためにパーティを開催していただき誠にありがとうございます」（拍手）

スピーチ後、先生全員が並び、私への別れの挨拶（頬を寄せ合う）を生徒全員が見守るなかで行った。

私の誕生日は一一月なのに、当日大型のバースデー・ケーキが私のために用意されていた。

当日のスピーチ、その後の先生方との離別の挨拶、フィエスタの感激は私にとって生涯忘れることのできないものとなった。

また、パウラからメキシコ産布製壁掛けを、事務局員のルースから私の好きなメキシカン・ミュージックのカセットテープをお土産にいただいた。

学校から授業終了最終日にアンケート用紙を渡される

学校を去る人は金曜日の授業終了後、事務局からアンケート用紙を渡され、必ず記入して当日事務局へ提出することになっている。今まで私は去る人が一生懸命書いている姿を横目で見てきた。アンケートの内容は学校、先生、授業、ホームステイ先のことである。私も無論ホームステイの項は「サンチェス家が最高によかった」と書き、先生の項では「アルフォンソが優れている」と記入した。

ルースに提出すると、彼女最大の関心事はホームステイの項であった。彼女から何か質問があるかと思ったがなかった。

たぶんルースも私のアンケート回答に満足したのだと思う。

七月一八日午前一〇時、一三二泊の長期滞在となったホームステイ先のホストファミリーだったサンチェス家を去る。

素晴らしい家庭環境の中で宿泊させてもらい毎日三食を作っていただいた。家の鍵を返却し、ナーニスとの別れ際、ナーニスから手紙を渡され、頬へ別れの挨拶をしてくれた。レネも玄関まで見送ってくれた。

ナーニスから渡された手紙は次のようなものだった。

マサミチへ

知り合いになれて嬉しかったです。

私たちはあなたを友人としてまたいつでも喜んで迎えたいと思います。

そして私たちもいつかあなたの国を訪れあなたに会えればいいなと思います。

あなたの奥様やお子様とお知り合いになりたいですし、あなたがいつ私たちの家に戻っていらしても歓迎します。

私たちはあなたをとても好きなので寂しくなります。

ナーニス、レネ、アナ、ホセ

何カ国か残りの国を無事によい旅をしてください。でも、本当に気をつけてください。

追記
あなたの好きな歌「アモーレ（愛）、アモーレ（愛）」を聞きながら、たくさんテキーラを飲んでください。

私はホームステイを去り、車で予約をしていたクエルナバカ郊外のホテルへ向かった。夕刻、妻と次女がメキシコ・シティへ到着するので、ホテルで休憩した後、空港へ出迎えに行く予定である。久しぶりの家族との再会をひかえて少し興奮気味であった。

留学を終えて

五カ月間で二軒のホームステイを経験、比較できたのは興味深かった。学校がホームステイ先へ支払う料金は同一なのに部屋、食事の質、量すべての点でサンチェス家が優っていた。
メキシコへのスペイン語留学はたいへん充実していた。よかった点を次に挙げてみよう。
一、アルフォンソ先生に巡り合った。

二、ホームステイ先に恵まれた（家族、家、食事の三点とも素晴らしかった）。
三、学校の規模が小規模でよかった。クエルナバカ市はメキシコのなかでは治安がよく、またロケーションとしてスペイン語学校が多くある地域である。
四、メキシコ料理は比較的日本人の口に合う（特に餃子、春巻きの好きな人にはよい）。ただし、魚と白いお米がなければ駄目という方には長期ホームステイは難しいかもしれない。
五、メキシコは日本に比較して物価が安い。したがって個人教授に習う際、私のような年金生活者でも時間あたりの謝礼金は支払える。
六、気候がよい。暖冷房不要。
七、二〇週間学校へ行ったなかで最初の四週間、同級生としてのスイス人ミゲールとの良き出会いがあった。

思いつくままに七つの点を挙げたが、いちばんよかったのは定年退職し、二カ月後に留学をしたのでこれまでのサラリーマン生活を完全に遮断し、日常生活を一八〇度切り替えることができたことかもしれない。

スペイン語勉強の成果

文法をマスターできなかった点はあるが、スペイン語を少し話せるようになったことにより、その後スペイン語圏を旅行していても、こと言葉についてはどんどん使ってみようという積極的旅行ができた。やはり学校へ行ったお陰である。

妻からは、あと半年メキシコに滞在し、勉学を続けたら、スペイン語がもう少しものになったのにといわれてしまった。

反省

スペイン語は動詞の変化を早い段階で暗記することが肝要である。

メキシコの治安

クエルナバカは以前に比較して安全になったとのことである（一九九七年七月現在）。夜九時以降、外出先から帰宅するときはタクシーを使用したほうがよいとマリア先生から個人的にも言われた。メキシコ・シティに出かけるときは必ずパスポート、その他貴重品は部屋に置いていきなさいとホームステイ先のナーニスが注意をしてくれた。

以下は実例

ナーニスの友人（女性）は以前クエルナバカ市内で横顔にピストルを突きつけられ、ネックレスをとられたことがある。

三月末の週末クラスメイト五人がメキシコ・シティへ行き、被害にあったのは二人。つい先週まで同じクラスメイトだったドイツ人男性ユルゲンとクラスは別であったがスイス人男性ラディがシティの大通りを歩いていてナイフを突きつけられ路地に連れ込まれ、身につけていたポシェットを突然ナイフで横にバサッと切られ、中から財布だけを持っていかれた。パスポートは被害にあわず。この話は翌週月曜のコーヒーブレークの時間に聞いた。ドイツ人女性は先生に「警察官がその現場を見ていたにもかかわらず、何もしなかった。ひどい！」と言っていた。先生は聞いているだけで、その警察官は悪いとは言わなかった。

ユルゲンとラディは四週間の授業を修了し、ドイツ、スイスへ帰国する一日前に事件に遭った。実は私もその週末メキシコ・シティへ一緒に行かないかと数日前に誘われていたが断ったのだった。まだスペイン語が十分に話せなかったのが断った理由である。いずれ話せるようになったら、やはりメキシコ・シティへは行ってみたい気持ちだった。幸い私はメキシコ滞在中そういった被害にあうことはまったくなかった。

3

世界旅行記

1　世界旅行の目的—目標と計画

定年退職後「世界には約二〇〇の国があるが、そのうちの半分の一〇〇カ国を六五歳までに訪問する」という目標を掲げた。

退職後は第二の人生、ゼロからのスタートがよいと決意し、退職以前に訪問した国はカウントしないことにした。

目的

一　異文化（言語、生活、習慣など）に接したい。
二　自然遺産と文化遺産を観たい。
三　訪れた国の人々と会話をしたい。
四　人間ウオッチングをしたい。
（旅行した国名、旅行した年度ごとのルート、予算と実績は巻末に掲載した）

結果

目標に掲げた世界一〇〇カ国の旅は一九九七年七月下旬メキシコよりスタートし、二〇〇二年一一月下旬オセアニアのキリバス訪問をもって達成できた。

自然遺産と文化遺産はいろいろな国、地域で見学したが、すでにたくさんの本で紹介されているので本書では自然遺産のガラパゴス諸島のみをリポートした。

一〇〇カ国で人間ウオッチングをしてきた。

「訪れた国の人々と会話をしたい」はどこの国でも事前に面会予約でもしない限り、忙しく働いている人々とはなかなか親しく接触することは難しい。努めてその国の人と会話をするようにしたが、接点の人はホテル、ユースホステル受付の人、民宿のオーナーまたはガイドなどに限られてくる。それでも、世界旅行を振り返り、人との出会いが最も印象に残った。

2　異文化に触れる

言葉

メキシコのホームステイ先で朝、サンチェス家の人々に会うと必ず
「Buenos《ヴェナス》 dias《ディアス》! Masamichi お早う、マサミチ！」

と必ず名前が付く。私も、

「ヴェナス・ディアス！」

はすぐに出てくるが、最初のうちはその後に名前「ナーニス」がスムーズに出ない。それが二人、三人となると更に大変である。長い間日本で育った私の悪い習慣である。

「ヴェナス・ディアス！」

の後に名前を付けた呼び方のほうがその人への親しみが増すのである。

メキシコで毎日登校し、私がお辞儀をしながら、スペイン語で「おはようございます」

と必ず声はかけるのだが、学校の事務局員からは「マサミチ、ここはメキシコなのだから、メキシコ流の挨拶（お辞儀ではなく、ヴェナス・ディアス！　と言い、その後にその人のファーストネームを呼ぶ）をしなさい」と注意された。

世界各国触れ合いの挨拶——例・握手、抱擁、頬を寄せ合う——

外国を旅行し、外国人と親しくなると握手だけの挨拶ではなく、抱擁とか頬を寄せ合う挨拶になる。この触れ合いの挨拶が終了した瞬間、異文化に触れたなあと感じる。

基本的には文化圏が大きく異なると人との触れ合いの挨拶も異なってくる。「ユーラシア大陸のどの地域でどのような挨拶動作があるのか」。私は旅行の途中で興味が湧いてきた。

アメリカのマジョリー・ヴァーガス女史がその著書『非言語コミュニケーション』（石丸正氏訳　新潮選書）に触れ合いの挨拶について記述している。その一部を以下に掲載させていただく。

「アメリカ人は非触覚的国民なのだが、イギリス人、イギリス系カナダ人、ドイツ人はさらに身体接触が少ないとされているし、日本人のそれはアメリカ人の半分程度と推定されている。これはドイツ人や日本人は冷たく、子供に対しても愛情が薄いということではない。ドイツでも家庭内や親しい友人の間では、就寝時や別れの際の抱擁はごく普通のことである。握手その他の儀礼的な身体接触も広く行われている。日本ではとくに、母親と子供間の身体接触が多い。子供が十歳くらいになるまでは家族全員で入浴することもあるほどだが、子供がその年齢を過ぎると、この形での触れ合いは突然中断されるのである。一方、フランス、フランス系カナダ人、イタリア人、スペイン人、ロシア人、西南アジア人、ラテン・アメリカ人はアメリカ人に比べると対人関係がより触覚的だ。フランスの男性はお互いの頬にキスするし、中東の男性ならお互いのあごひげにキスするだろう」

私の旅行体験でもマジョリー・ヴァーガス女史が記述されているのに近いものを多数眺めてきた。

触れ合いの挨拶について駐日大使館あて二三カ国へ文書で照会をした。

照会文書の内容は「以下の五項目についてどのような動作で貴国の人々は挨拶をされておられるのかお教え願いたい」という趣旨であった。

一　男性同士

二　女性同士

三　男性から女性へ

四　女性から男性へ

五　家族間

以下、各国大使館から回答の概略である。

イギリスの握手

握手は本来、当事者が素手（手に武器を持っていないことを示す）を表すものとして友好的な挨拶として何世紀間もの間行われている。前出のマジョリー・ヴァーガス女史は「握手は約170年前から行われるようになった」と記述している。

揺さぶるような握手は悪印象を与える。一方、強すぎる握手も相手を不快にする。握手は右手でするのが通例である。

キス：　古い公式の握手に代わり、人々はより打ち解けたものを求め、現在では挨拶のジェスチャーとして頬へのキスをする人々が増加している。

しかし、キスの挨拶は親しい間に限ったほうが無難であり、男性は普通、女性の右頬へキスをする。それも頬に触れるか触れないかくらいに素早くする。ヨーロッパ大陸とは異なりキスは一回である。

以上はイギリス大使館より「最新の作法」インディスペンサブル・ハンドブックの抜粋をいただいた。

1．男性同士

スウェーデン：通常仲の良し悪しにかかわらず握手。より親しみがある場合では、握手をしながら肩を軽く２度３度ポンポンと叩きあう。久しく会っていなければ、３秒程度抱擁をしあう。別れのときも同様である。

フランス：握手・親しい友人の場合はお互いの頬にキスをする。

ドイツ：握手・親しい友人の場合はお互い抱擁

オランダ：握手・親しい友人の場合はお互い抱擁

ギリシャ：握手

トルコ：ただの顔見知りの場合、握手のみ。親しい友人同士だと、抱き合ったり、お互いの頬にキスをしあう。

エジプト：握手、久しぶりの再会時は、抱きあって1回ずつ両頬にキスをする。
日頃会っている人には（たとえば近所の方など）、通りすがりに右手を顔の高さまで上げて（手のひらが前方向き）挨拶する。

パキスタン：イスラム式　握手をし、お互いに抱きあう。

ウズベキスタン：年少者が挨拶の声をかけ、年長者がこれに応える。次に年少者のほうから握手の手は出さないで待つ。もし、年長者が握手を求めたら、年少者は握手に応じる。

2．女性同士

スウェーデン：仲がよければ抱擁をする。仕事の間柄では会釈と握手。
ただし、男性同士に比べ抱擁を挨拶に盛り込む割合はかなり高い。

フランス：お互いの頬にキスを2回または4回する。
回数は地方や状況による。

ドイツ：握手・親しい友人の場合はお互い抱擁。

オランダ：握手・親しい友人の場合はお互い頬を3回交互にくっつけあう。

ギリシャ：握手をし、親しい間柄では両頬へキスをする。

トルコ：ただの顔見知りの場合、握手のみ。親しい友人同士だと、抱きあったり、お互いの頬にキスをしあう。

エジプト：握手、久しぶりの再開時は、抱きあって1回ずつ両頬にキスをする。

パキスタン：お互いに抱きあい、頬にキスをする。
もし片方が年配であれば、年配者が抱きあった後で若い人の額にキスをする。

ウズベキスタン：年少者が挨拶の声をかけ、年長者がこれに応える。次に年少者のほうから握手の手は出さないで待つ。もし、年長者が握手を求めたら、年少者は握手に応じる。

3．男性から女性へ

スウェーデン：よっぽどの間柄ではない限り、握手を求める程度。お互い信頼関係があり、親しい間柄であるならばともに目が合えば抱擁することがある。

ド イ ツ：握手・親しい友人の場合はお互い抱擁。

ギリシャ：握手をし、親しい間柄では両頬へキスをする。

ト ル コ：親しさの度合いによる。恋人同士の場合、抱きあったり、お互いの頬にキスをしあう。時には口にキスをしあう。通常は握手をするのみである。

オランダ：握手・親しい友人の場合はお互い頬を3回交互にくっつけあう。

エジプト：言葉による挨拶のみ、握手もしない。時には男性からの挨拶に対し、女性は軽く会釈だけのこともある。

パキスタン：男性と女性が会ったとき特に関係がないときにはお互いに「アッサラーム・アレイコム」と言う。「こんにちは」の意味。

ウズベキスタン：男性と女性が会ったとき男性が先に挨拶し、女性のほうが握手の手を出すまで待つ。

4．女性から男性へ

スウェーデン：握手程度。ただ、女性のほうから抱擁を男性に求めてくる場合が多少多くある。

ド イ ツ：握手、親しい友人の場合はお互い抱擁。

オランダ：握手・親しい友人の場合はお互い頬を3回交互にくっつけあう。

ギリシャ：握手をし、親しい間柄では両頬へキスをする

ト ル コ：親しさの度合いによる。恋人同士の場合、抱きあったり、お互いの頬にキスをしあう。時には口にキスをしあう。通常は握手をするのみである。

エジプト：言葉による挨拶のみ、握手もしない。

パキスタン：男性と女性が会ったとき特に関係がないときにはお互いに「アッサラーム・アレイコム」と言う。「こんにちは」の意味。

ウズベキスタン：男性と女性が会ったとき男性が先に挨拶し、女性のほうが握手の手を出すまで待つ。

5．家族間

スウェーデン：いつも顔を会わせているのであれば、特別のことはしない。ただ、長らく別れて暮らしているなど、会う頻度があいてしまう場合などにはきつく10秒程度抱擁を交わすことが習慣的。この場合は主に母親から子供へ、父親もすることがよくある。信頼関係の濃さを反映している。

なお、挨拶時における行動パターンは決して一定ではなく、個人差、親しみ具合、会う頻度等々により異なる。

フランス：家族、親戚では男性同士でも頬にキスをする。

ドイツ　：握手・抱擁

オランダ：お互い頬を3回交互にくっつけあう。

ギリシャ：両親と赤ちゃんあるいは子供の間ではキスをよくする。子供たちが大きくなると両親と子供は誕生日、名前の日、その他特別の日にキスをする。

家族が離れて住んでいる場合は会ったとき男性と女性、男性同士、頬にキスをする。

トルコ：性別に関係なく、抱きあい頬にキスをしあう。

以上はあくまでも目安であり、実際のところは人それぞれのやりかたがあり、相手との親しさの度合い、関係によりさまざまに異なる。

エジプト：抱きあって両頬に1度ずつキスをする。

パキスタン：家族で兄または弟と姉または妹が会ったとき女性は兄または弟の肩に手を置く。

30歳以上の女性が義理の兄または弟に会ったとき女性は兄または弟の肩に手を置く。

ウズベキスタン：年少者が挨拶の声をかけ、年長者がこれに応える。次に年少者のほうから握手の手は出さないで待つ。もし、年長者が握手を求めたとき、年少者は握手に応じる。

6．アメリカ合衆国

男性同士：親しい人同士の抱擁式挨拶・胸と胸を合わせ、同時に赤ちゃんに「げっぷ」を出させるときのようなお互いに軽く背中を叩きあう。
（前出のアメリカ人ヴァーガスの著書より）

付記
フランス大使館の回答には次のようなコメントが記されている。
握手かキスは明確な決まりがあるのではなく、初対面か年代、世代、どのような知り合いであるか（職場の上司、師弟関係）による。

メキシコで同じ学校にいたスイス人男性ミゲールとの別れの挨拶

彼はどのような形で別れの挨拶をしようかと言いながら「お互いに腕を組み相手の肩へ置き、頭全体を寄せる」。相手の体臭が伝わってくる。強烈な印象である。

イスラム文化

一九九八年一〇月中東イエメンの首都サナアへ行ったとき男性の九〇%はジャンビーアという半月刀を身体の正面、ベルトのあたりに差して街を歩いている。空港、病院へ入るときはジャンビーヤを外すことになっている。

また、男たちの中にはカートと呼ばれるアカネ科の木の葉っぱ（麻薬の一種）を噛み、片方の頬の内側にため、頬をピンポン玉より大きく膨らませた人たちがいる。

街を歩く女性たちは頭から黒いベールを被っているが、顔の部分を出している人が約九〇%。残り一〇%ほどの女性は目だけしか出していないので、四〇～五〇メートル離れたところから見ると、前向きか後ろ向きか一瞬判断がつかない。

日本から見るとまさに異文化の社会。車が走っていること、電気があることを除けば二〇〇年くらい前にタイムスリップした気持ちになる。サナアは標高が二三〇〇メートルあるため一〇月は日陰にいれば涼しいが日なたは暑い。サウジアラビアのジッダから避暑に来ている家族に出会ったが、サナアは涼しく快適であると話してくれた。

イエメン　ジャンビーア（半月刀）を差している男性

イエメン　カートを噛んで、噛んで頬を膨らませている

サナアのこぢんまりしたホテル受付係は毎日同じ男性と女性の一人ずつ。三日間も同じホテルに宿泊していると受付の人と親しく会話をするようになる。

ある日受付の女性から

「女性の黒いベールをどう思いますか」

と質問があった。私が、

「たいへんミステリアスに思う」

と答えると受付の女性は隣の男性に

「ねえ、そうでしょう」

と言った。日本人にはなかなか理解しにくいイスラム文化の国、そのなかでも最も規律を守る国はサウジアラビアとイエメンだと言われている。

アラブ式サウナ風呂へ
――アラブ人男性にアカすり、マッサージを受ける

一九九八年一〇月シリアの首都ダマスカスでアラブ式サウナ風呂ハンマームへ行った。店の名前は「Adman」。

イエメン　市場風景

ダウンタウンのホテルを出て、タクシーを拾い、ハンマームへ行ってくれと英語で話すが通じない。どこにハンマームがあるのか私も知らない。

ただ、ホテルの受付で市内にハンマームがあることだけは確認しておいた。旅行ガイドブックに出ているハンマームの小さい写真を示すが通じない。身振り、手振りでやっとドライバーは理解してくれ、タクシーは走り出した。

三キロメートル走り、裏通りに少し入ったところでタクシーは止まり、ドライバーが降りてハンマームであることを確認してくれた。その入り口は木のドアで通常閉まっている。上のほうにAdmanと書いてある。街を歩いていてもアラビア語が話せないと、この店を探すのは苦労する。

さて、ハンマームへ入ったが、アラビア語しか通じない

イエメン 麦の刈り取りを描いた絵葉書

のでまた身振り、手振りでの会話である。相手は、「アカすり」や「マッサージ」をするのかしないのかを訊いている。両方ともしてほしいと依頼し相手方もやっとわかってくれた。

その込みこみの料金は二〇〇シリアドル、四八〇円だった。

それからはスムーズである。木製のロッカーに洋服を入れた。ロッカーは鍵などない。バスタオルを身に纏い風呂場へ行った。

風呂場に入り周囲を見渡すと、中央には日本と同じように一〇人位一緒に入れる浴槽がある。窓際には質素ではあるが、個室のサウナ室が八室ある。その一室に入る。室の広さは畳半畳くらいである。室の中はパイプが通り、蛇口を捻ると暑い蒸気が出てきた。低い椅子に腰かける。蒸気によるサウナだ。三分くらい蒸気を出していると、狭い部屋が蒸気でいっぱいになってきた。普通に息をしているだけではもったいないように感じ、口からも息を吸い込んでみた。乾燥した中東を旅行していると蒸気によるサウナは実に気持ちがいい。何か生き返ったような気がしてきた。一五分も入っていると汗が出てきた。サウナから出たら事務所へ戻りノックしなさいとのことで知らせると風呂場へ男性が来て、タイルの床へ直接横になれとの手振り、下半身にバスタオルを巻き、横になるとごわごわしたタオルで身体を洗ってくれた。よい石鹸ではないが、石鹸を付け、蛇口から出るお湯で何回も身体にかけてくれた。いやーあ、気持ちのいいものだ！

その後はマッサージ室で別の男性からマッサージを受けた。マッサージは身体にクリームを付け、手を滑らせる。揉みほぐすやり方ではない。

風呂場からロッカーへ戻るとロッカーの反対側に少し高台になった場所があり、そこへ座れという。何をされるのか少し不安になったが、男性が大きいバスタオルを二枚持ってきて、親切にも私の身体に掛けてくれた。まもなく温かいチャイ（お茶）を持ってきてくれた。お茶を飲んだ後ロッカーで着替えをし、タクシーを拾いホテルに戻った。

首都ダマスカス滞在が短かったのでハンマームへ一回しか行けなかったが、昔からの庶民に親しまれている伝統的アラブ式サウナを体験できた。

女性同伴の寝台車

二〇〇二年七月一八日午後五時三〇分ウクライナ・シンフェロポリ駅（ヤルタ会談のあったヤルタの最寄駅）発オデッサ行き（映画・戦艦ポチョムキンで有名な地名）寝台車に乗った。

二等寝台車一コンパートメント四人。私の寝台車席は七号車の七（下の寝台）。間もなく何と同じコンパートメントにウクライナの女性が一人乗車してきた。彼女の席は私の上寝台。あと二人が乗り込んでくるであろうと思っていたが、翌朝八時にオデッサに着くまで二人だけであった。彼女は年齢四〇―四五歳くらい。品のよい人。私はロシア語が全く話せないので、席に向かいあってただニコニコしていた。日本との習慣の違いが寝台車にもあった。なお、各車両には男性、女性各一名の車掌が乗っており、女性の車掌が愛想よく、切符をすべてチェックしにきて、その後シーツ、手拭い代として一五〇円徴収された。

3　感動的だったこと、うれしかったこと

ガラパゴス諸島クルージング――鳥たちは人が近づいても逃げない

一九九七年九月南米エクアドルの首都キトで南太平洋ガラパゴス諸島クルージングツアーの申し込みをした。ツアー費用はキトからガラパゴス諸島往復航空運賃、ガラパゴス諸島国立公園入園料、七泊八日クルージング費用の合計二七万四千円だった。費用は日本で調べた金額よりかなり高く、一時は躊躇したが、旅行代理店のホテルオーナーから
「ガラパゴス諸島クルージングは安ければ食事も粗末になる。このクルージングはお勧めのクルージングですよ」
と言われた。

エクアドルの首都キトを飛行機で旅立ち、グアヤキルを経由してガラパゴス諸島のサンクリストバル島に午後三時到着した。

第一印象は赤茶けた島である。空港でパスポートのチェックを受け、ガラパゴスツアー専用のマイクロバスに乗り五分走り港に着く。ふと後ろを見るとアシカが岸で休んでいる。鳥も人が近づいても逃げない。海もきれいで子供たちは小さい港で泳いでいる。

ガラパゴス諸島と乗船したクルーズ船

船に乗り込む。船客はアメリカ女性三名、オーストラリア人夫妻、ドイツ人夫妻、エクアドル人夫妻と私の計一〇名である。ガイドは女性二名。

私の部屋は一人用のキャビン。トイレ、シャワー付きでこぢんまりしている。

船は同島のアシカのいる場所へ移動し、下船した。アシカは船が近づいても逃げない。島は動物の糞の匂いがしてさながら動物園にいるようだ。

夕方船に戻り、スキン・ダイビングの希望者と一緒にボートに乗り少し移動した。船には常時二艘のボートが積まれており、いつでも下ろせるようになっている。

ボートから海へ入る。海の水は冷たくない。泳ぐのに最適である。ふと立ってみると、足が海底についた。ツアー客七名が海に潜った。私も潜って海の中を見てみるが、近眼のためよく見えない。すぐ近くを黒い潜水服を着ている人が泳いでいると思ったら何とアシカだった。私との距離一メートルだ。やがて二匹、また一匹とすぐ近くをアシカが泳いでいる。素晴らしい眺めだ。

夕食は七時半からスープ、鶏肉、野菜、パン、コーヒー、デザートであった。アルコール類は下船時にまとめて精算することになっていた。

初日はエンジン音でよく眠れなかった。翌朝五時半に目が覚めた。服を着て下のデッキで海と星を眺める。朝六時でもまだ暗い。流れ星が一つ見えた。少ししてアッパーデッキ（屋上）へ移動し、椅子に腰かけていたら、また流れ星が今度はゆっくりと消えていった。日の出を見たかったが、あいにく曇りで見えなかった。七時にやっと島の沖に停泊した。

ヘノベサ島には朝食後、ウェット・ランディング（ひざまで水に浸かって上陸）した。

アシカが何十頭と島にいる。アシカの子供二頭の死骸が目に入る。長さ二〇センチくらいもある魚が入り江で泳いでいる。フクロウが静かに一本足で立っている。たくさんの鳥を見る。お腹を赤くした軍艦鳥が飛んでいる。人間が近くに行っても逃げない。

翌朝、真っ暗な海を見ているとシューと音がする。最初はイルカではと思ったがアシカだった。その後船尾に二頭アシカが上がってきた。船尾に一メートルくらいの踊り場がある。ここにアシカは上がってきてまたすぐに海に飛び込む。

船はバルトロメ島に錨をおろし上陸した。砂浜がきれいだ。砂浜は茶色、岸のすぐ近くを魚が泳いでいる。水中マスクを借りて海の中を見ると魚がたくさん泳いでいる。アシカの子供三頭が浜辺に近

オスの軍艦鳥。
メスの注意を引くため、赤い喉ぶくろを膨らませる

カツオ鳥。
真っ青な足、長いくちばしが特徴

い海でジャンプしながら遊んでいる。人間の年齢にして七―八歳くらいか。たいへん楽しそうである。私も少し泳いだ。

船から島の周辺を見回すと、ペンギン三羽、別の場所に四羽、身長約三〇約センチ、南海の島々ののどかな風景にしばし魅了された。

サンサルバドル島に夕方上陸した。雄の軍艦鳥三羽が真っ赤に風船のようにお腹を膨らませていた。大きな陸イグアナを見る。体に「No. 47」と白いマジックの印あり、ガイドにイグアナの年齢を聞いたら推定年齢七〇歳。体長一メートルくらいである。

海に住んでいる小さい黒イグアナ（体長一五センチ程度）も上陸していた。

足が鮮やかな水色をしたカツオ鳥が浜辺のいたるところで卵（二個）を孵化していた。そのそばで求愛のダンスに夢中なカツオ鳥のカップルもいる。島を歩くとアシカが多数昼寝をしている。ボスが自分の縄張りを主張し勇ましく吠える。メスのアシカは子育てに夢中だ。

翌日はサンタクルス島のチャールズ・ダーウィン研究所へ。ゾウガメの飼育状況などを見学した。その翌日には当初乗船したサンクリストバル島へ戻った。四泊五日のツアー客はここで下船した。新たにチリ人の家族四人とそのほか五人が乗船してきた。食事のメニューはこの夜から四日前と同じになった。七泊八日一緒だったのは若いドイツ人夫婦と私の三人であった。

一七日はエスパニョーラ島で青のカツオ鳥、アシカ、黄色い口ばしでエレガントなアルバトロス、ウニ、赤いカニ、海イグアナなどを観察した。

イルカ四匹が船の舳先の前を案内人のように先頭を切って泳でいる。見ていると動きが面白くて飽きない。

翌日はフロレアナ島の湖でフラミンゴ約三〇羽を見た。成長したフラミンゴは羽がピンク、子供は羽が白と黒。フラミンゴと私の距離はわずか三メートル。砂浜でウニ、赤いカニ、紫色の鉱石も見る。一〇月、一一月にはこの砂浜にカメが産卵に上がってくる。カメが掘った大きな穴がいくつも残っていた。

午後、再度サンタクルス島に着いた。二日前から乗船した人たちがダーウィン研究所を見学している間、私たちは特別企画としてゾウガメの生息している保護林へ行くことになった。

ワゴン車に乗る前にガイドよりこれから案内するところは一般の観光客が行かない場所なのでガイ

ガラパゴス諸島・サンタクルス島の密林で生息しているゾウガメに出会う

ドにチップをあげてほしいと言われた。メンバーはドイツ人夫妻、チリ人夫妻と私。チップについては全員了解した。車で四〇分走った。途中牧場を通り過ぎ柵のある密林のところで車を降りる。ガイドが柵を開けてくれた。一人しか歩けない小道を分け入るようにして、ときどきガイドがブッシュを切り開きながら進む。歩くこと二〇分強。ガイドがここで待つようにと言い残してどこかへ行った。この近くにゾウガメがいるらしい。待つこと二〇分、やっとガイドが戻ってきた。この近辺四〇〇メートル四方にゾウガメが生息している。待っていた場所からほんの少し歩いたところに、ああ！　いる！　いる！大きいゾウガメがじっと動かずに茂みにいた。ダーウィン研究所にいるゾウガメは餌を与えられて育っているが、湿気の多い密林の中でカメは自然に生きている。島の開発が進みゾウガメが生育していく場所はこのような

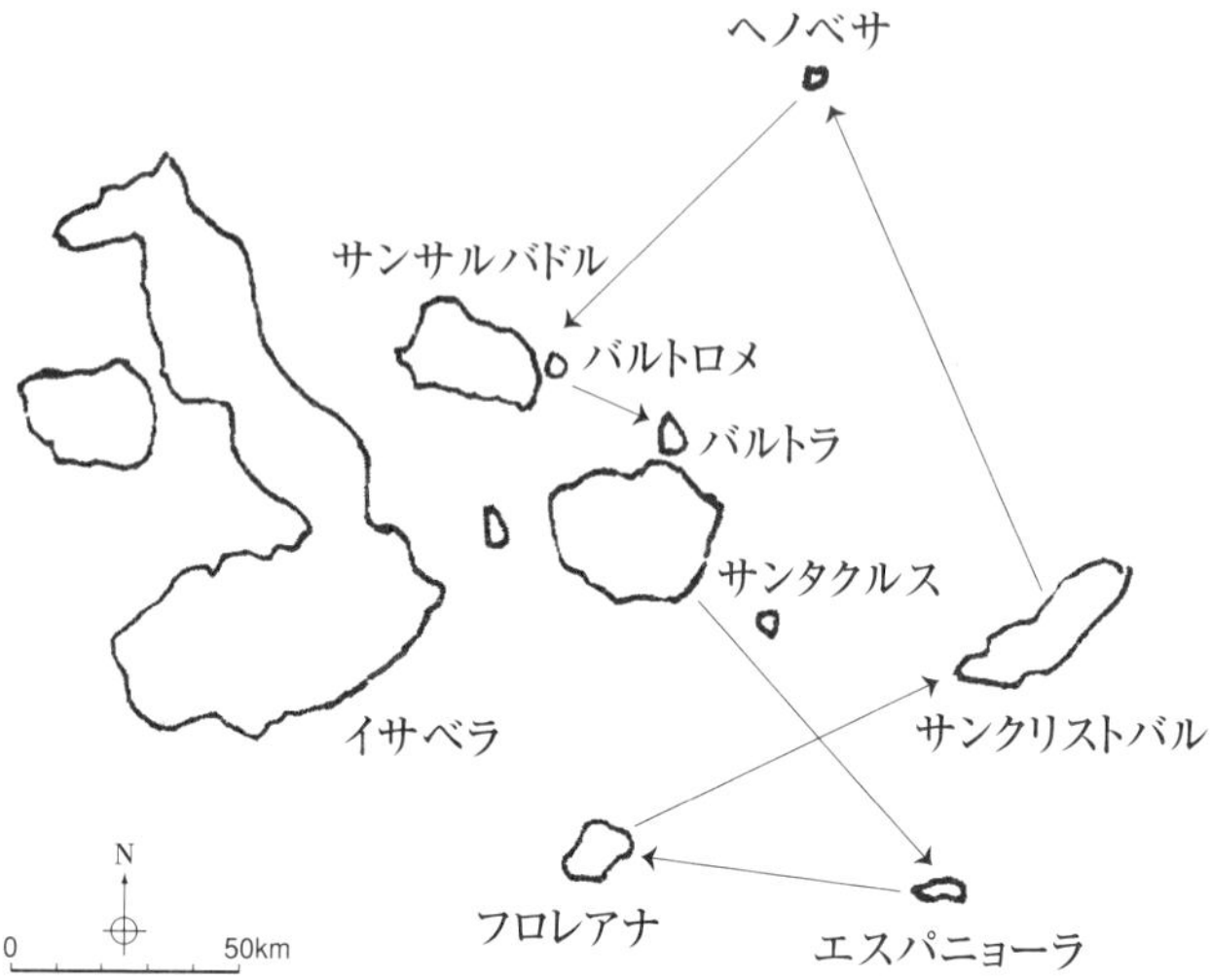

ガラパゴス諸島の略図と私の行程

ところしかないのだということがよく理解できた。

案内してくれたガイドに一人五〇〇〇円支払った。その後、ふくろうの巣穴に行った。深い四層になっている地下の洞穴——その下にカメの甲羅が二つあった。その奥、中段部分にフクロウが三羽いた。

午後五時船長よりお別れの挨拶があり、船員へのチップは一括にまとめて、ガイドへのチップは個別に支払った。午後九時デッキに上がると水平線から大きな月が上がってくるところだった。水平線から昇る月は始めてみる光景だった。

一九日サンクリストバル島で自由時間が一時間半あり、絵葉書などを買い求め商店主からまだ行ったことのないイサベラ島の話を聞いた。イサベラ島にはゾウガメがたくさんいる。サンクリストバル島からイサベラ島まで船で丸一日かかる。そして港から馬に乗り、カメのいるところまで五時間かかるとのこと。イサベラ島は火山が六つもあるそうだ。

午後一時、船中最後のランチも終わり、空港へ向かう。

ガラパゴス諸島の七つの島を見て回り、各種の鳥とアシカ、イグアナ、ゾウガメなどを観察した。野生の鳥と人間が共棲しているところを私はエクアドルのガラパゴス諸島しか知らない。

これからも、人間が近づいても鳥たち、イグアナ、ゾウガメ、アシカたちが逃げない島であってほしいと願う。

真夜中の太陽を観察——ノルウェーの旅

一九九九年六月ノルウェーを二週間旅行した。ノルウェーで見たいものはフィヨルドと白夜であった。美しいフィヨルドを眺めた後、北へ向かい五日かけて北緯七二度のノールカップ（北岬）を目指した。北緯六八度のロフォーテン諸島に滞在したが、あいにく宿泊地のユースホステルは山の麓にあり、快晴であったが、夕方五時頃に太陽は山の陰に入り、真夜中の太陽は見えなかった。

その後ナルビイックからバスでトロムソへ着き、トロムソからさらにバスでアルタへ着き六月一六日一泊した。アルタは北緯六九度。ホテルは幸い高台にあった。ホテルへ着いたときは午後九時を過ぎていた。外は明るいが、ホテルの夕食の時間がまもなく終了になるとのこと。ホテルの係の人に荷物は部屋へ入れておくからすぐ食堂へ行きなさいと言われた。一〇時過ぎ食事を終えホテルの部屋へ入った。

ホテルの窓はカーテンが遮蔽になっている。通常のカーテンでは白夜のため明るく安眠できないためだ。

今夜は快晴であり、深夜の太陽をぜひ見たい。一一時過ぎ外に出てみる。太陽は少し西に傾いて見える。ホテルの係員に真夜中の太陽について尋ねた。彼は「今頃の時期、太陽は朝四時頃、西に傾くがその後また昇り始める」と説明してくれた。

朝二時、太陽を観察したく、再度外に出てみた。誰も外を歩いていない。おお！　太陽を見た。三時間前より太陽は少し西に傾いてきた。東京の七月末、時間で言えば午後四時を少し過ぎた頃の太陽の位置になるだろうか。鳥が二〇羽くらい群れで飛んでいる。静かである。白夜というより「真夜中の太陽」というほうが正確な表現だろう。初めて観た真夜中の太陽に興奮した。

翌一七日アルタからバスでコーフォルへさらにバスを乗り換え、今夜の宿泊地であるホニングスボォーグ着、ホテルへチェックインし、夕食後、夜九時半のバスでノールカップを往復してきた。

夏の期間、定期バスが観光客のためホニングスボォーグとノールカップ間を夜間往復している。ホニングスボォーグからノールカップへの道は途中からツンドラ地帯であった。

片道の所要時間は一時間一〇分。ノールカップからホニングスボォーグへ帰るバスの時間は午前〇時二〇分発。残念ながらノールカップは曇りで真夜中の太陽を眺めることはできなかった。多数の観光客が「真夜中の太陽を眺める」ために来ていた。ノールカップには宿泊設備はない。テントを設営している人たちがいた。

◆オーストラリア大陸横断鉄道寝台車の予約が出来た

大陸横断鉄道の乗車券売り場探し

一九九七年一〇月オーストラリアを旅行した。オーストラリア西南部の都市パースでは大陸横断鉄道(インド洋から南太平洋の意味でインディアン・パシフィック号)の乗車券売り場を目指し、まず西オーストラリア州政府観光局へ行き、販売所を尋ねた。乗車券売り場はパース・シティ駅であるとのこと。そこでパース・シティ駅の表玄関へ行ったが、ここではなくさらに歩いて六分くらいのパースの駅であるとのこと。そこは、駅の裏玄関的な人の出入りが少ないところだった。ようやく乗車券売り場が見つかった。そこへたどり着くまでホテルを出てからひたすら歩き一時間半掛かった。

インディアン・パシフィック号寝台車の予約ができた!

明日以降のインディアン・パシフィック号の乗車券を照会した。駅係員はコンピューターで探し始め

た。五分くらい過ぎた頃、

「明後日のホリデー・クラス（二等）が一枚ある」

との返事があった。さっそく買い求める。

料金はパースからアデレード（南オーストラリア）まで鉄道運賃五万七千円と二日分の寝台料金六千円合計六万三千円だった（一オーストラリアドル［A$］日本円九〇円で換算）。

値段より空席があること自体が嬉しかった。あたかも宝くじに当たったような気持ちだ。係員も私に

「あなたはツイテいるよ！」

と言って微笑んでくれた。ファーストクラスでも三等でもいいと思っていたところ、ちょうど真ん中のホリデー・クラスが僅か一枚あったとは！しかも二日後というのは私には理想的であった。

一週間後しか予約ができなければ、パースにそれまで滞在しようと覚悟をしていた。このインディアン・パシフィック号の切符を手に入れるには一年も前から予約をしなければならないとも言われている。それが今日突然照会して予約ができたのだ。

インディアン・パシフィック号乗車の感想は別項「お勧めの列車の旅」で述べる。

◆国際線がフライトせず、困っていたとき、現地旅行会社が手助けを
アフリカ・ナミブ砂漠ツアーに安く参加

南アフリカの一人旅

治安のよくない南アフリカ（以下南アと略す）を一人安全に旅行するにはどのようにしたらよいか。考えた末、航空券の購入、ホテルの予約と空港からホテルまで車の手配を日本の南ア関係旅行会社に依頼することにした。旅行会社は東京・四谷のアクティブ・ツアーズ。

アクティブ・ツアーズは現地南アの旅行会社クラウン・トラベルに手配を依頼している。

日本で南アとマダガスカルの旅行計画をしていた二〇〇二年二月、マダガスカルの政情不安の情報が報道されていた。アクティブ・ツアーズへ照会したところ、マダガスカル航空も航空券は発券するとのことであった。従って南アからマダガスカルへ旅行し、また南アへ戻る航空券を日本で購入した。南ア・ケープタウンに滞在中、テレビでマダガスカルの政情不安（大統領選挙の混乱から二つの政権が並立し、戒厳令が敷かれた）を報道したので、私はケープタウンよりマダガスカル日本領事館に電話を入れ、政情について情勢を聞いた。マダガスカル日本領事館の女性から、「街中はきわめて平穏である。マダガスカルの国内テレビでは本件は報道されていない。ただし、フランス系の報道機関では本件を報道している。日常生活には全く問題がない」

との情報を得ていた。

国際線がフライトせずの情報

二〇〇二年三月、南ア旅行の行程のほぼ三分の二が順調に経過した。三月二日私は南アのポート・

エリザベスからヨハネスブルクの空港へ降りたところ、クラウン・トラベル社の人が空港へ出迎えに来ていた。

その方の話ではマダガスカルが政情不安のため三月四日国際線マダガスカル航空はヨハネスブルクからマダガスカルの首都アンタナナリボへのフライトが中止となった。ついては明日クラウン・トラベルとスケジュールについて話し合いたいとのことである。マダガスカルへ行けなくなると八日間の空白ができてしまう。まだスケジュールを検討するのに中一日ある。

翌日、クラウン・トラベルの車がホテルまで迎えに来てくれ、ヨハネスブルクのクラウン・トラベル社へ行き、マダガスカル旅行の代案としてナミビア旅行またはボツワナ旅行を提示してくれた。私はナミビア旅行に興味があった。

ナミビア砂漠への旅行は日本でも検討したが何せ一人旅だと四輪駆動車の手配にお金がかかるので諦めていた（二泊三日間のツアー費用は九万三千円である）。

ところがクラウン・トラベルは私のナミビア砂漠への旅行についてナミビア現地の旅行会社スプリング・アトラスと交渉し、イギリス人夫妻が予約している二泊三日間のナビブ・ツアーに私を無理やり押し込む方法で組んでくれた。

マダガスカルから南アへ戻り、二泊する当初の予定を繰り上げ先に南アに二泊し、ナミビアから南アへ一四日に戻ったら、当日のフライトで日本へ帰国する。

八日間の詳細スケジュールを作成し、押し込む方法をとってくれた人はクラウン・トラベルのマリー・アンという美しい女性。彼女が相手と交渉しているところは見ていなかったが、私の待っているテーブルに何回も足を運んでくれ、途中経過を話してくれた。待つこと四時間。マリー・アンが相手と粘り強く交渉している様子がどんどん伝わってくる。ナミビアの首都ウィントフックから二泊三日のナミブ砂漠ツアー代金は全食事付き三万六千円である。私はナミビア砂漠ツアーに参加することを決めた。もし一人で当ツアーを申し込んだら九万三千円支払わなければならなかった。差し引き五万七千円安くあがり、お陰で素晴らしいナミブ砂漠を満喫できた。

私は世界のいろいろな国で旅行会社に顔を出しているが、マリー・アンの交渉力はAクラスであった。

ナミビア砂漠ツアーは巻末に掲載した。

4　驚いたこと

未確認物体（UFO）を見る！

一九九七年ガラパゴス諸島クルージング二日目の九月一三日、船での夕食が終わりアッパーデッキに行った。アッパーデッキにはエクアドル人夫妻、エクアドル・ガイドの実習生三人、船員一名と私がいた。午後九時一五分、未確認物体（UFO）を見る！　エクアドルの奥さんが「アーッ」と言ったので指を差す方向を見ると星が見えた。かなり輝いていた。その星らしき物体が西から東へどんどん移動していった。そして東のあるところで止まり一分くらいたった後、今度はすごい速さで東から南に移動した。そのとき初めて星ではないと理解した。一瞬飛行機かと思ったが、音は聞こえず、飛行機の一〇〇倍以上の速さで南に移動した。そのとき、ああ、これがＵＦＯだ！　スペイン語でＵＦＯのことを「オブニ（ovni）」という。この言葉はメキシコで覚えた言葉だ。ほかの人も皆これは「オブニ」だと言う。

その後デッキから下に降り、別の船員に「オブニ」を見たと報告したら船員は指で示しながら、「左から右へ動くか右から左へ動く」と言った。少し前に私が見た光景と同じことを彼は言った。船員は今までに何回もＵＦＯを見ているのだ。

男性に誘われた――中東・ヨルダン死海のほとり

一九九八年一〇月首都アンマンからヨルダン側の死海へ乗り合いバスで行った。死海へ行く二日前に首都アンマンのバス乗り場を下見したが、非常に広く、かつ各方面にバスが出ており表示はアラビア語のみであった。

シリアのタクシードライバーとの間で会話が通じなかった苦い経験をしたので今度はアンマンのホテル受付係の人にお願いし、アラビア語で「乗り合いバスへ乗り、死海まで行きたい」旨のメモを書いてもらった。

当日、すでに下見したバス発着所へ行き、そこでこのメモをいろんな人に見てもらい、アンマンから死海まで大衆バス（マイクロバス）を乗り継ぎ、きわめて安く間違いなく到着することができた。

ヨルダン側の死海を見学しにくるほとんどの人たちは、観光バスで来て、少し海水に浸かり、シャワーを浴び、約二時間くらいで帰っていく。私は死海のほとりのホテルに二泊した。二泊目、客は私一人。夕食を済ませた後、レジ係の男性が私に雑談をしましょうかと声をかけてきた。彼とは昼間、死海の浜辺を一緒に歩き、話をしていた。屋外のテーブルと椅子のあるところでホテルの従業員男性五人と話し始めた。死海の浜辺は目の前である。夜の戸張が降りると対岸に明かりが点々と灯り始めた。昼間は全く見えなかった対岸の街はどこかとレジ係の男性に聞くとイスラエル。彼曰く、

「あのイスラエルがなければよいのになあ！」

彼の言葉には実感がこもっていた。ほかのことを話しているうちに誰かがレジ係の男性はゲイだと言い出した。そのとき彼の顔を眺めたら、否定はせず、ニヤッとしていた。私は本当かなーとあまり気にも留めなかった。話題がゲイのことになったら皆興味を持ち出してきた。そのうち一人背の高い二〇歳半ばの男性が立ち上がり、私に一緒に散歩しようと言い出した。彼はジェスチャーがうまい。そのジェスチャーと周囲の人達の顔つきから
「ああ、これがゲイの誘いなのだ」

と直感し、すぐに断ったが、あまり気持ちのよいものではない。その夜はドアのところに大きいソファを移動し、誰も侵入してこないようにした。

つり銭にコカの葉――南米・ボリビア

一九九八年四月ボリビアを旅行し、チチカカ湖の中に浮かんでいる「太陽の島」のホテルに宿泊した。ホテルの主人から二USドルのお釣りをもらうべきところ、つり銭がないからと、コカインの葉を束で渡された。

いや、驚いた。こんなのアリ？ そのコカインの葉を女性のガイドにあげたら「私はいらない。母がコカを飲んで失敗した。船頭にあげなさい」と言う。私は船頭にあげてきた。

◆ウクライナ・チェルノブイリ原発博物館（一九八六年原発事故）を見学――被害の大きさに改めて驚く

二〇〇二年七月ウクライナ・キエフ市内にあるチェルノブイリ博物館をガイドと一緒に見学した。見学には予約が必要である。

入場料は（写真撮影代も含む）二五グリブナ、五七五円

女性館員が一時間二〇分にわたり懇切に説明をしてくれた。

事故の概要

チェルノブイリ原子力発電所四号炉で事故発生

事故発生年月日　一九八六年四月二七日午前一時

セシウム一三七　放射性部物質で汚染

被害内訳

危険地帯　二六〇〇平方キロメートル

直径　三〇キロメートル

住民　一六万人が居住区から離れた

キエフ市とチェルノブイリの距離　一一〇キロメートル

事故状況　四月二七日被害にあった人々一九人をモスクワの病院へ運んだ。しかし五月一〇日から被害にあった人たちが亡くなっていった。

事故から五カ月過ぎ、亡くなった消防員たちが英雄として奉られた。

放射能汚染防止のため種々の対策を講じた

ヘリコプターから五〇〇〇トンの砂、結合剤を四号炉に落とした。ロボットも使用したが、放射能の影響で動かなかった。

作業者は鉛の入った作業服を着、その重量は二五キログラムである。延べ作業員数は六五万人。すべての危険物を撤去するのに七億USドルが必要である。

二〇〇四年から新しい撤去作業がスタートし、一応三年間で終了する予定。しかしその後また処理が必要になる。まだ一九二トンのウランが入っている。

四号炉の事故では基礎の部分まで汚染されていたら、地下水があり、大きな影響が出るところであった。しかし調査の結果、地下水は汚染されていなかった。直径一・八メートルのトンネルを掘った。掘るのにベテランの炭鉱夫を投入したがそのうち半数がが亡くなった。

この博物館をすでに七〇カ国の人たちが見学している。ウクライナではこの事故で三五〇万人が被曝した。そのうち一五〇万人が子供である。今までに亡くなった人数は三千人と言われている。チェルノブイリ原子力発電所を中心とした地理の大きい模型図が作られている。この模型図を見ると被害地域が大きいことが理解できる。

また当時西風が吹いていたため隣国ベラルーシの被害が大きかった。

チェルノブイリ発電所の西方に河が流れており河の対岸はベラルーシ国である。チェルノブイリ発電所からベラルーシの領土まで直線にしてわずか一五キロメートルである。西ヨーロッパの地図も置いてあり、放射能を含んだ風が西ヨーロッパの広大な地域に及んだことがわかる。

原子力発電事故がいったん発生すると、動植物の死、子供達への影響、さらに影響を受けた土地が長年にわたり再生できなくなるという悲惨な結果になることを改めて痛感した。

なお、事前に諒解を得れば、チェルノブイリ発電所に近い現場を見学することも可能であるとガイドから聞いた。

ホテルからビーチへの巨大なトンネル——ウクライナ・ヤルタ

二〇〇二年七月ウクライナを旅行した。一九四五年二月ヤルタ会談の行われたリヴァーディア宮殿

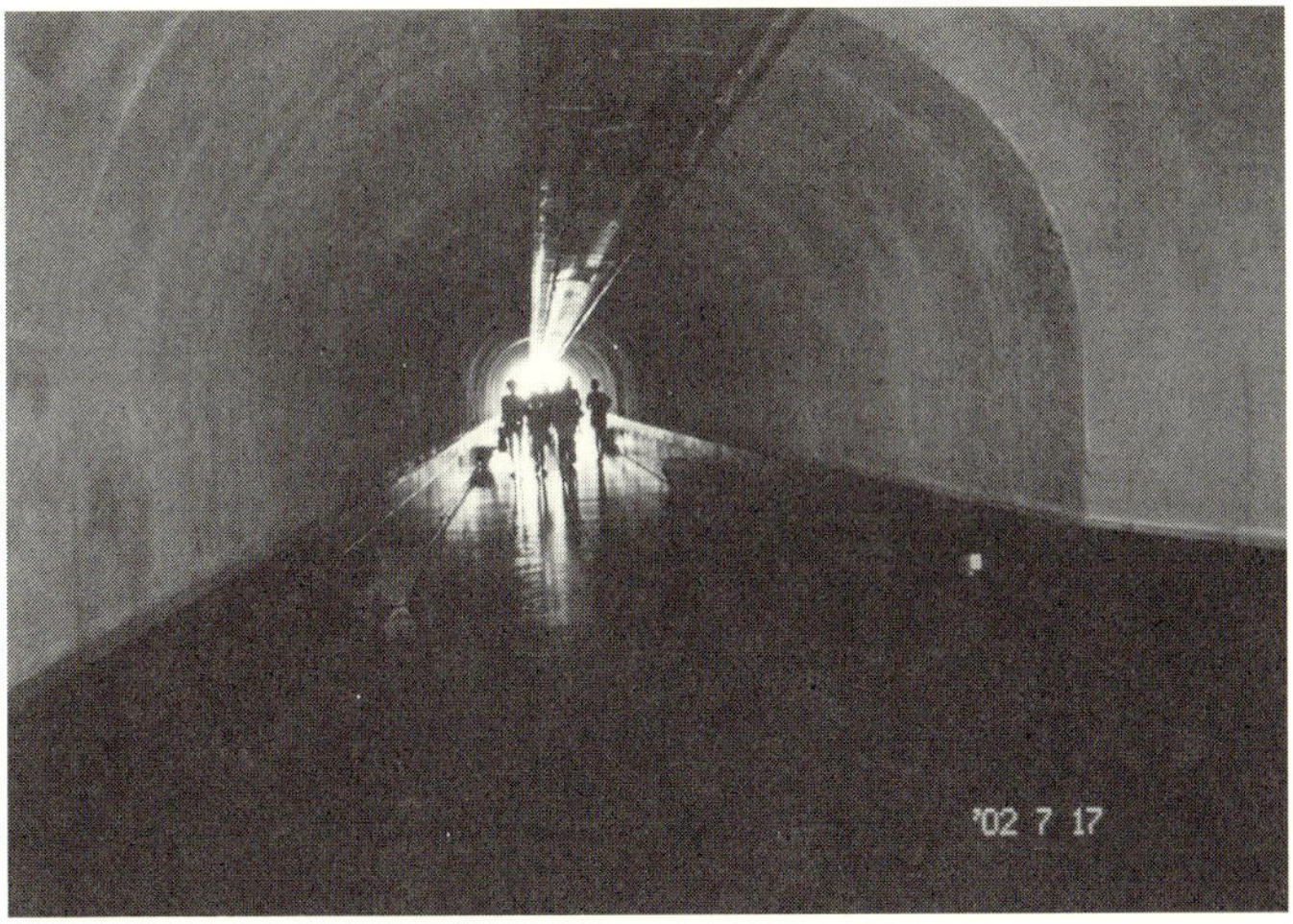

ヤルタホテル内部にある大きなトンネル

を訪れた。建物の規模はそれほど大きくないが、外装、内装とも手入れがよく、五七年前、円卓を囲んで歴史的会談が行われた部屋を見学した。

宿泊は近くのヤルタホテル。ホテルは三〇〇〇人収容でき、黒海にプライベートビーチがある。そのプライベートビーチへ行ったときのことだが、ビーチまでの途中に巨大なトンネルがあるのに驚いた。

ビーチへはホテルの外れに目立たないエレベーター棟がある。棟へ入ると大きなエレベーターが三基稼動している。その一基に乗り下へ降り、少し歩くとトンネル（幅約八メートル、高さ約七―八メートル長さ、約四〇メートル）があり、向こう側は明るい。

トンネルを抜け、一〇メートル下ると黒海のプライベートビーチへ出る。トンネルは人専用で、内部表面は黒褐色の花崗岩と思われる材料できており、通常のトンネルのイメージとは違う。天井を暫く見つめていたが飽きない。想像するに「原水爆避難」用に作られたものではないだろうか。

ビーチには七〇—八〇名の海水浴客が日光浴をしていた。プライベートビーチにしては石ころが多かったが黒海の波は静かだった。

要塞の跡を見学　西アフリカのガーナ

一九九八年八月、西アフリカのガーナで一五世紀ポルトガルにより作られたエルミナ要塞を見学した。

要塞は今でもよく保存されている。エルミナ要塞はポルトガルによって造られたがその後、この地域はオランダ領に、さらに一九世紀にはイギリス領になった。西アフリカの金、象牙をヨーロッパへ輸出する倉庫だった。また檻が作られ、船積みされるまでの間アフリカ人奴隷の監獄としても使用されていた。

奴隷が使用したトイレ跡、要塞の中に人がやっと一人通り抜けられる幅の狭いトンネルがあり、そのトンネルを通り抜けると目の前に大西洋が見る。かつて奴隷達はこの径を歩き船積みされていったとの説明を受けた。要塞を見学し、説明を聞き、白亜の美しい外観とは裏腹な暗い歴史を思い、重苦しい気分になった。

エルミナ要塞

奴隷リスト一覧表をカリブ海のバルバドスで見る

西暦一五〇〇年以降約三〇〇年にわたりアフリカ西海岸よりカリブ海諸国へ連れてこられた奴隷の歴史の一部がどんな形で残っているのか知りたかった。カリブ海地域へ入った奴隷の数は四二〇万人と言われている。今何か残っているものを見たい。そんな考えで二〇〇一年二月から三月にドミニカ共和国、セント・クリストファー・ネイビス、アンティグア・バーブーダ、セントルシア、バルバドス、セントビンセント、トリニダード・トバゴの七カ国を旅行した。さらに二〇〇二年一〇月にキューバ、ジャマイカの二カ国へも旅行した。

私が発見できたのはバルバドスで見た奴隷リスト一覧表だけであった。さらに月日をかければ、カリブ海のどこかの国に奴隷の歴史を知る手がかりがあるのかもしれない。

カリブ海諸国砂糖プランテーションの奴隷制は形を変えたが、砂糖きびの生産は今でもカリブ海諸国の主要な産業である。

バルバドスは一九六六年独立した。イギリスが三五〇年間支配していたところである。

二〇〇一年バルバドスの博物館（昔、刑務所だった建物）へ行った。

エルミナ要塞内部

各種展示のなか「黒人奴隷のリスト一覧表」が残っており、縦三〇センチ、横五〇センチほどの紙に氏名、年齢、アフリカの出身地が書いてある。いわゆる「商品一覧表」である。人数は約五〇名。博物館へカメラを持って行かなかったのが悔やまれる。年齢は三歳から六三歳まで。展示されているこの一覧表を見て年齢幅が広いこと、奴隷商品一覧表が作成されていたことに驚いた。

靴に牛糞がべったり――インド・デリー

二〇〇〇年二月インド・デリーの中心街を旅行会社へ行くため歩いていた。旅行会社で話していたとき、会社の人に

「靴が汚れているので、トイレに行き拭いてきてはいかが」

と言われ、自分の靴を見ると、右靴の上部に牛糞がべったり付いていた。旅行会社へ行くのに、道の標識が上部にあり、何回か標識を見上げていたときに、牛糞を付けられた。実にうまく付ける。途中、靴磨きが、

「靴が汚いから靴を磨かせろ」

と執拗に寄ってきたが、断り続けて旅行会社へまっしぐらに入った。靴磨きが私の靴に牛糞をつけたのか、靴磨きとほかの人が連携プレイをして、牛糞を付けたのかわからないが、たいへん気分が悪かった。

同じホテルに泊まった日本人が強盗にあった

二〇〇〇年九月スペイン・マドリードの簡易ホテル（スペイン語 hostal）の受付女性から明日チェックアウトをするならば、今晩精算してほしいと言われ、午後一〇時に受付カウンターで精算をしていた。

そのとき男性一人とスペインの若い女性三人が外から慌しく入ってきた。女性三人が受付の女性へ「男性が強盗にあった」

と告げた。その男性は日本人で当ホテルの宿泊客である。

彼は歩道で気絶し、倒れているところを大通りの反対側の歩道にいたスペインの若い女性三人（英語を話す）が見つけて、ホテルまで同行してくれたのだ。

場所はマドリードのグラン・ビア大通り。午後九時五〇分頃信号（ホテルは信号を渡って一〇メートルのところ）待ちをしているところを、後ろから首をしめられ、気絶した。パスポート、航空券、現金、VISAカードを盗られた。

強盗にあって約一〇分後という人に会ったのは初めてである。その後、彼は彼女たちと一緒にタクシー二台で警察署へ行った。私も同行した。

しかし警察の事務室には入れてくれない。事務室へ入る手前に待合室があり、そこには盗難にあった人たちが他に五人も来ていた。待合室でその女性たちは警察官に盗難被害にあった彼の状況を説明し帰宅した。私はその状況を近くで聞いていたが、警察官の女性たちに対する対応はたいへん優しく、

「英語のできる警察官は今、ほかの人と対応している。終われば日本人への被害状況を彼が良く聞くから」

と彼女たちに説明していた。

盗難被害届けの順番が日本人の男性の番になり、彼は警察官に書類を提出した。

約一五分後、盗難被害届け書の一枚に警察署の印が押され、彼に渡された。これが盗難被害証明書となる。英語のできる警察官が彼に会って被害状況を聞くのかと思っていたら、それはなく、被害証明書の交付だけだった。実際は彼女たちに説明していたのとは違っていたわけである。

翌日、日本領事館の人がホテルに来てくれ、彼のホテル代を立て替え、日本大使館に近く、より安全な地域のホテルへ彼は移った。

帰国後、彼の話では肋骨に三本ひびが入っていた。誠にお気の毒である。その後、彼とは年賀状を交換しているが、

「海外出張へ行っても、夜の外出はしない」

とのことである。

ジブラルタルの土地管理はイギリス

二〇〇〇年九月モロッコのカサブランカからモロッコの北端に近いタンジェへ着くとジブラルタル海峡を挟んでヨーロッパ大陸スペインの山が目の前に見える。

タンジェからフェリーでジブラルタル海峡を渡りスペインへ入った。

ジブラルタル（長さ四・五キロメートル、幅約一キロメートル）はスペインの土地ではなく、イギリスが二八〇年間も管理している土地だ。時折スペインがイギリスに対しジブラルタル領土の返還を要請している。スペイン領土からジブラルタルへ入ると間もなくゲートがあり、広い直線の道路がある。この道路は飛行機の滑走路も兼ねている。飛行機が離着陸するときには自動車も歩行者も一時ストップである。そのジブラルタルに一泊した。流通しているお金はイギリスポンド。ジブラルタル海峡がよく見えるラッフルズ広場（ラッフルズは大英帝国の植民地行政官）——ヨットハーバー近くのレストランで夕食をした。岸壁に沿って素晴らしい散歩道路があり、岸壁の反対側はレストランが並んでいる。客寄せのために道路を整備し、よいレストランを作るという、なかなか上手な商売である。食事代はやや高めである。場所代がかなりのウエイトを占めている。海を眺めていると船舶が航行し、ブラジルタル港へ入港して来るのが見える。

5　人との出会い

外国を旅行すると、外国人、在留邦人、日本人旅行者を問わずさまざまな出会いがある。特に一人旅だと人との出会いが多い。

出会った場所は学校、同じホテル、ユースホステル、民宿、空港、機内、列車内、船内、バスで隣り合わせ、同じツアー、レストラン、バー、店、美術館などなどであった。たくさんの人との出会いのなかから特に印象に残ったものを紹介しよう。

◆旅行した国々の人

ラトヴィア女性の言葉「今は自由」

一九九九年七月北欧バルト海に面したラトヴィアを旅行した。

一九八九年八月二三日バルト三国エストニアの首都タリンからラトヴィアの首都リガ、さらにリトアニアの首都ヴィリニュスまで六〇〇キロメートルをバルト三国の人たち二〇〇万人が人間の鎖を作り、ソ連からの独立への意志を示した道を私も各国バスを乗り継ぎ一週間かけ、約五〇〇キロメートル車窓の風景を眺めた。バルト三国は農業国で牧草地がずっと続いている。

ラトヴィア首都リガのこぢんまりしたホテルに宿泊した。受付の女性に一〇年前の体制と現在の体

制がどのように違ってきたかを質問した。彼女の答えは
「一〇年前は二四時間監視されていた。今は自由である。むろん今のほうがよい」
そして彼女も一〇年前人間の鎖として参加した。この小ホテルは三階建て、屋上にテーブル、三つの木製ベンチと小さい池がある。アットホームな宿でたいへん心が休まった。

アイスランド人は猛烈に働く

二〇〇〇年七月アイスランドの首都レイキャビック郊外のゲストハウスに泊まったとき、私はオーナーに質問した。

「アイスランドは人々がたいへん豊かな生活をしているように見える。家々、車のガレージなどが大きく、どうして皆、こんな生活ができるのか」

オーナーの男性曰く、

「アイスランド人は皆働いて、働いて、働いている」そのまなざしは真剣だった。

冬は一日のうち、暗い時間が長く、太陽が出てもわずか一時間以下である。したがって彼らは夏に一生懸命働く。日本と同様、火山と温泉の国である。温泉を利用した地熱発電所があり政府の建物だけではなく個人の家でも温泉を暖房として使用している。国民全員が知恵を出し合ってより良い環境作りをしているように思われる。

「一カ月ここで働いてくれないか」遊牧民の生活を三日間見る——モンゴル

二〇〇二年五月東京渋谷の旅行会社と打ち合わせ、モンゴルの首都ウランバートルと大草原ブルドに滞在する七泊八日のスケジュールを作成してもらった。

一人旅。ウランバートルからブルド往復三泊四日は車を借り切り男性ドライバーと女性ガイド（日本語を話す）付き、どこでも好きな場所へ行ってよい。ただし走行距離八〇〇キロメートルまでは契約料金内でよいという条件である。旅行費用合計一九万七千円。

六月一三日、ブルドのツーリストキャンプで夕食後（午後八時）、ガイドと一キロメートル離れた遊牧民のゲル（家）を訪問した。会話はすべて通訳を介した。

モンゴルのブルドは北緯四八度くらいにあるため、六月は夜一〇時過ぎまで明るい。お訪ねしたオイドゥスレン家の家族構成は夫、妻、五歳と一歳の女の子。彼らのすぐ近くにほかに二つのゲルがある。親戚である。三家族共同でヤギの乳搾りをしている。

一四日　夕食後散歩がてら、再び、オイドゥスレンさんの家族に会いに出かけた。

妻のマーラィさんが夕食の準備を始めたのを眺める。冷凍の大きな牛肉の塊の一部をトンカチで砕き、大きい鍋に湯を沸かし、砕いた牛肉を鍋に入れ、小麦粉をこね、こねた小麦粉を大きい包丁でそばを細かく切るようにして煮立っている湯の中に入れる。塩を加えてでき上がり。このスイトン風肉汁を私もご馳走になった。味はまずまずであった。マーラィさんの登山靴のヒモが短くなっていたので私の予備の靴ヒモをあげたらたいへん喜ばれた。

モンゴル遊牧民・奥さんのマーラィさん

一五日夕食後三度同じ遊牧民に会いに出かけた。ヤギの乳搾りの作業をこれからするところであった。マーラィさんの作業スタイルはズボン下にズボン、その上に長カッパを着て腰のところをヒモで縛り、スカーフと帽子にサングラスをかけて、バケツ二つを持ち、ゲルを出る。ご主人は馬に乗りヤギを囲いの中に入れる作業をしているところであった。前述した三組夫婦の協同作業である。男性はヤギを囲いに追い込む作業、女性は乳搾り作業。三家族それぞれ所有のヤギにはツノに色分けがしてある。

マーラィさんたちはそれぞれ所有のヤギを捕まえて乳搾り作業をする。ヤギが動くのでときどき乳がマーラィさんの顔、体に散る。しゃがんであるいは小さい椅子に座り乳搾りをしている。なかなかきつい仕事である。作業が終わるまで五〇分かかった。ヤギのミルクは一家族ちょうどバケツ

ヤギの毛屑拾いをする私

二杯分採れた。

　乳搾りを見ているだけでは能がない。何か手伝いをしたいと申し出た。すると今日、ヤギの毛をカットしたので毛の屑が柵の外に散らかっているのでこれを集めてほしいという。

　ヤギのカットした毛の塊は大きいのは直径約一〇センチくらいある。ヤギの毛を拾いビニール袋に入れる作業を三〇分した。拾い集めたヤギの毛は大きいビニール袋いっぱいになった。

　私が作業するのを三夫婦は仕事をしながら、眺めていたのであろう。私が拾い集めおわると、三家族の主人がたいへん喜び、一人は、

「私の馬に乗ってまわりを一周してきなさい」

　二人目の主人は
「私のオートバイに乗りなさい」

　三人目の主人からは
「一カ月ここで働いてくれないか」

とも言われた。

わずか三〇分しか手伝わなかったのに、こんなに感謝されるものとは思わなかった。

彼らは電気、水道、電話のない生活。水は主人が馬で二キロメートル離れた所から汲んでくる。夏は朝六時から夜一〇時過ぎまで働く。ヤギを飼っていくのに草が生えていなければならない。そのためには四月から五月には雨がある程度降ってくれないと困る。今年は雨が降ったので草が生育し、ありがたいとのこと。冬、奥さんは刺繍の仕事をしている。すべてが素朴な生活である。三日間も会っているといろんな質問も出てくる。奥さんはもう一人子供が欲しいがどうしたら男の子が生まれるのか知っていたら教えてほしいと言う。私の家族も女の子二人。いやあわからないと答えた。ゲル内で自家製のヨーグルトを砂糖を少し加えてご馳走になる。

マーライさんより

「日本の知人あてに手紙を書くからその手紙を日本へ戻ったら届けてほしい」と依頼を受けた。

翌日奥さんから手紙を預かった。日本の住所がローマ字で明確に書いてある。文章はモンゴル語だ。帰国後、預かった手紙とモンゴルでその家族を撮った写真を同封し、投函した。その後その方より丁寧な手紙をいただいた。

ホテル所有者の自宅に招待される　名刺の効果絶大！——南米・エクアドル

一九九七年一〇月南米エクアドル首都キトのプラザ・インターナショナル・ホテルに四泊した。家族でホテルを経営しており、社長は母親（推定年齢六〇歳代半ば）、父親も毎日出勤、若夫婦（三〇歳代）も一緒に働いている。私は若奥さんへスペイン語の名刺を差し出しながら、自己紹介をした。彼女は名刺の裏面を読み、私が世界一〇〇カ国訪問を目指していることに関心を持ってくれた。翌日その若夫婦の家に招待を受け昼食をご馳走になった。彼らの家に行く途中、マーケットを案内してもらい、両親と一緒に住んでいる立派な家で昼食をいただき、またホテルまで車で送ってもらった。母親が以前しっかりした邸宅を買い、これに増築を重ね今のホテルまで大きくし、部屋数を増した。若夫婦の夫はブラジル生まれ、一九八五～一九八六年にエチオピアで起きた飢餓を助けようと自転車で一人世界五五カ国を回り、カンパを集めた人物である。その際日本にも来て、日本の新聞に掲載された彼の活動の記事を今でも大事に保存しているのを見せてもらった。

若奥さんは彼のその勇気を買い

「私が救ってあげた（結婚した）」

と言っていた。

選挙の時期なので街に出ないようにしている――中米・ジャマイカ

二〇〇二年一〇月ジャマイカのモンテゴベイ市のシー・シェル・イン（Seashell Inn）に三泊した。一四室ある小ホテル（Inn）。このホテルは建築後かなり経過している。私が宿泊した一日目はほかの宿泊客がいたが、後二日は私のみの宿泊であった。ホテルで夕食は食べさせてもらえるのか質問した

ジャマイカ・ホテルオーナーのチンさんとの夕食

ところ、オーナーのチンさん（Mr.Vernon Chin中国系ジャマイカ人）は一瞬考えてから、

「朝食と夕食でUS一〇ドル」

でどうかと言う。私は即座に

「いい」

と返事をした。食事は自分の家で一緒にしようと言ってくれた。小ホテルと広い裏庭を挟んでチンさんの家がある。二人だけの家庭的な雰囲気で朝食、夕食の三日間は楽しかった。アフリカ系ジャマイカ人のお手伝いさんが食事を作ってくれる。チンさんと同じものを食べ、ジャマイカに関することをいろいろ聞ける。私にとっては願ってもないことである。

通常民宿でも客とオーナーとは食事は別が普通。したがって食事中オーナーと話すことは通常ない。私が今までに客とオーナーが一緒に食事をした経験はフランスで一軒（Mas de la Feulle）、カナダで一軒（ペンション・神谷）いずれもペンションであった。

さて、チンさんとの食事であるが、一日目の夕食はチャーハンと野菜炒め。二日目の夕食はジャマイカ料理の鶏肉にソース、豆入りのご飯（茶色）、野菜炒め、生野菜（きゅうり、トマト）であった。

三日目の夕食は羊のステーキ（主人がカットしてくれた）、トウモロコシ、ジャガイモ、煮野菜。朝食は毎日パン、ベーコン、目玉焼き、コーヒー、コンデンス・ミルク、干しプラムを三つ、フルーツでスゥイート・ソップ（sweet sop）という甘い白い果肉を食べた。南国らしい果物であった。

話題はやはりジャマイカ産「ブルーマウンテン・コーヒー」のこと。彼は、

「日本はブルーマウンテン・コーヒーを高いのによく買ってくれる」

と言った。ちなみにチンさんの家で出されるコーヒーはメイド・イン・ジャマイカのインスタント・コーヒーであった。

ジャマイカはちょうど選挙運動の真っ最中で一〇月一六日が総選挙の投票日。一〇月に入ってジャマイカでは、わずか二週間の間に選挙に絡む死者が五〇人も出た。チンさんはラジオの選挙報道に耳を傾けている。彼は選挙期間中は、「街へは出ないことにしている」と話してくれた。旅行者にとってこういう情報を得ることが何より大切である。

一般的に発展途上国を旅行するときには、その国が選挙の時期であれば治安の情報に細心の注意を払う必要があるだろう。

夫を亡くしても、男友達が――キューバの民宿

二〇〇二年一〇月中米・キューバへ旅行した。キューバの首都ハバナのダウンタウンからあまり遠くない場所でキューバ人が民宿を始めたとの情報を日本で得た。私はぜひキューバ人と話をしてみたいと思った。ハバナの宿泊しているホテルから予約をし、民宿を経営するフェラ夫人宅へ二泊した。朝食付き一泊二四〇〇円だった。

夫人は夫に二〇年前に先立たれ、その後はキューバ外務省に勤務していた。今は定年退職し、年金で生活している。キューバ外務省に勤務していた当時、ボスが駐日キューバ大使になったので彼女も駐日キューバ領事館に五年間勤務した。夫人は日本での生活が楽しかったと語っていた。

民宿は三階建てアパートの三階。三階のテラスから海がよく見える。直線にして約三〇〇メートル先は海。対岸はアメリカ・フロリダ半島である。アパートから五～一〇分歩くと各国の大使公邸がある。アパートは建築してから三〇年位くらい経っている。夫が亡くなった後、このアパートを夫人が買い取った。

三LDK、リビングルームはかなり広い。メインの寝室を私が使用した。寝室の奥のドアを開けると洗面所、バスタブ、トイレがまとめて一部屋になっている。ほかに狭いがシャワー室、洗面所、トイレがある。大変使い勝手のいいアパートである。居間の壁が一部剝がれており、私の宿泊費を壁の修理代に充当したいと喜んでいた。

朝食はパン、コーヒー、ゆで卵、バナナの揚げたもの。

私が滞在している間フェラ夫人宅にアミーゴ（男性の友達）が現れた。フェラさんは彼に昼食を出していた。メニューは質素である。一緒に話をする。フェラ夫人は経済的には豊かではないが、夫を亡くしても、男友達がいることで楽しそうだ。ヨーロッパの民宿でも同じケースを見た。

一〇年後にまたマジュロへ来てごらんなさい！

二〇〇二年一一月太平洋・マーシャル諸島・マジュロ、キリバスへ旅行した。マジュロ、キリバスともに中国人が盛んに商売をしている。ミクロネシアだけでなく、ポリネシア（例トンガ）でも中国製のテレビ、パラボラアンテナをたくさん見受けた。

マーシャル諸島・マジュロのホテルで私がチェックアウトをする際、毎日顔を合わせ、顔馴染みになった受付の男性は、私に、

「一〇年後にまたマジュロへ来てごらんなさい。中国人がもっとたくさんいるから。彼らはマジュロで稼いだお金を皆中国へ送金している。ここで消費していない！」

と話してくれた。

◆旅行先での外国人

世界旅行一人旅「住所はない」イギリス人との出会い

一九九八年二月ブラジルの首都ブラジリア市内観光半日ツアーに参加した。小型マイクロバスに客

世界旅行をして四年になるイギリスの男性と
ブラジルの首都ブラジリアで

五名が乗車。イギリス人、スイス人、ブラジル人二名。イギリス人の男性（推定年齢六〇歳代後半）と私は後部座席に座った。国会議事堂をバックにイギリス人と記念写真を撮り、後日写真を送ってあげようと住所を聞いたところ
「住所はない」とのこと。イギリスのパスポートだけは持っているのを見せてもらった。名前はビクトル・レイオップ・バルット。何と一九九四年から一人で世界旅行を続けていると言う。すでに四年間になる。奥さんとは別れ、まだまだこれからも旅を続けるそうである。カメラなど持って歩かない。世界旅行者には上には上がいるもの。彼からいろいろ世界旅行の話を聞きたかったが、彼のほうが先にバスを降りてしまった。

マレーシア男性と二日間行動を共にする――中東・イエメン

一九九八年一〇月イエメンの首都サナアから古都サユーンへ四泊五日の小旅行へ出かけるためサナアの空港搭乗待合室にいた。ベンチで隣席のマレーシア人男性（推定年齢五〇歳代）と話をした。

イエメン・サユーンからアラビア海に面したムカラへ、サナアの空港で会ったマレーシア人とタクシーで日帰り旅行した。

サユーンの空港に降り、タクシー乗り場でまた彼と出会った。私はサユーンのダウンタウンへタクシーで行く予定。彼はアラビア海に面したムカラという街へタクシーで行き、今日中にサユーンへ戻ってくると言う。彼から一緒にムカラへ行き、今日中にサユーンへ戻ってこないかと誘われた。私はサユーンを見学するのは明日でもかまわない。一人旅の自由さ。よし、この話に私も乗ることにし、彼とタクシーに相乗りすることにした。タクシーの費用は折半。マレーシア男性は両親が中東出身のためアラビア語を話す。

彼は助手席に乗り、ドライバーとアラビア語で話をし、私にドライバーとの話の要点を英語に通訳してくれる。好都合である。片道車で約五時間、往復何と一〇時間も三人一緒に行動をした。ムカラへの道は一部を除き舗装されている。この舗装道路は石油会社シェルが先行投資をした。イエメンには石油が埋蔵されているからだ。

車窓から見える風景は広大なルブアルハーリー砂漠に近い場所。砂漠といっても細かい砂ではなく、やや硬くなっており大きな石が転がっている。進行方向左の小山を行くとサウジアラビアへの道。サウジアラビアはすぐ近い。

午後一時過ぎ一軒の建物が見えてきた。レストランだ。

初めて体験する砂漠の途中にあるただ一軒の質素なレストランでのアラブ式食事。レストランの入り口付近に水の入ったドラム缶がある。ドラム缶の下のほうに蛇口がある。手を洗う。水が貴重なのだと強く意識する。ドアを開けると靴脱ぎ場があり、靴を脱ぎ、室内に入る。室内は板の間にカーペットが敷いてあり、テーブル、椅子はなく、十数名の人が数人ずつ車座になり、皆たいへん静かに食事をしている。私たち三人も車座になる。マレーシア人の通訳で私は羊肉を注文した。お茶を飲み、三人の食事が来た。フォークは出てこない。ドライバーは右手で食べ始めた。マレーシア人も手でよいとのこと。私は最後、手でもやむを得ないと覚悟を決めたとき、マレーシア人が、

「フォークを一本ください」

と言ってくれた。従業員がフォークを持ってきてくれてほっとした。ここはサユーンとムカラとのほぼ中間地点のようだ。皆食事が終わると黙々と車へ乗り目的地へ向かっていく。日本のドライブインとは異なる雰囲気だ。砂漠地帯に住んでいるアラブ人の寡黙で質素な生活の一端を垣間見た。

ムカラに着き、アラビア海を見る。マレーシア男性は敬虔なイスラム教徒で、ムカラのモスクへ行きお参りをした。私は外で待っていた。その後イスラム神学校を訪ねた。私も神学校の一部を覗いた。学生たちはたいへん礼儀正しく、礼拝堂の床はきれいに磨かれており、一人ひとりが静かに話をする。

私が話した少年（一六歳）はアフリカのケニアから留学していた。

サユーンへの帰途は日が暮れ、砂漠地帯を月が明るく照らし、夜九時三〇分無事サユーンへ戻った。異文化に接した長い一日であった。

その夜、そのマレーシア人と同じホテルに泊まった。ホテルのトイレはアラブ式（トイレットペーパーはなくバケツに水がある。左手でトイレットペーパーのかわりをする。したがって、食事のときは必ず右手で食べる）である。翌日古都サユーンの街を彼と一緒に見学した。一通り見学を終了した後は彼と別れ、少しいいホテルを探し、サユーンの二泊目を迎えた。サユーンの街は雨が降らず、埃っぽかった。


世界的に有名なピアニスト・フィリップ・モル、カップルとの出会い——コンサートに招待される

一九九九年五月、妻と一緒にデンマーク・コペンハーゲンから鉄道でスウェーデン・ヨーテボリ、さらに鉄道でストックホルムへ向かっていた。ストックホルム行き車両の斜前方の座席から絶えず何か説明しているらしき男性の声が聞こえてくる。隣席の同伴者は日本人女性のようだ。フィリップ・モル氏とそのパートナー竹道裕子さんとの出会いである。

フィリップ・モル氏はドイツ在住のピアノ・チェンバロ奏者、裕子さんは声楽家である。

モル氏はアメリカ・シカゴ生まれ。ヘルベルト・フォン・カラヤンのもとで、ベルリン・フィルハーモニー管弦楽団の銀盤楽器奏者を務めたほか、ソロ、室内楽で幅広く活躍中。

フィリップ・モル氏
（ピアノ／チェンバロ）のプロフィール

ヨーロッパを演奏旅行中のモル氏は旅行好きで、共演者のフルート奏者夫妻が飛行機で行かれたのに、演奏会衣装の入った大きなカバンを引きずって、わざわざ列車の旅を選んだのだった。この列車は海峡を渡るために列車まるごとフェリーボートに乗り込む。列車がフェリーボート内に落ち着くと、私たちは列車を降り船の甲板に出た。モル氏は博識で話し好き。彼の説明によると、この列車は近く廃線になってしまうのだそうだ。我々は旅行好きということで意気投合。ストックホルムでの演奏会の切符を用意してくださることになり、思いがけず北欧旅行に音楽鑑賞が加わった。その後、東京での若手フルート奏者との演奏会にも招待していただいた。

タクシーをシェアー（割り勘）しませんか？　と女性より声をかけられた！　――アイスランド

二〇〇〇年七月ロンドン～アイスランドの首都レイキャビク往復航空賃が三万四千円という安さに負けてロンドン出発が夜の一一時八分のフライトになった。

午前一時一〇分レイキャビクの空港に着き、バスでユースホステルへ行く予定でいたところ、バスはストライキのため運行されず、仕方なくタクシー乗り場でタクシーを待つ。外の明るさは真っ暗ではないが、人影がわかる程度である。そこへ流暢な英語で

「タクシーをシェア（割り勘）しませんか」

と女性から声を掛けられた。女性から

「タクシーをシェアしませんか」と言われたのは初体験であり、私は二つ返事で即座に、

「よろしいですとも」

と言った。

タクシーを待っている間にその女性が日本人であることがわかった。

彼女はロンドン留学中で学校が夏休みに入ったので一人でアイスランドへ旅行に来たのだった。

二人でタクシーを待っていると、ヨーロッパ系の若いカップルが来てタクシー待ちが四人になった。

やがてタクシーが来て私たち二人が乗り込んだところ若いカップルも相乗りしたいという。結局客は四人となった。タクシーの運転手から行き先を聞かれ、私は予約していたユースホステル名を言い日本女性も宿泊先を言った。四人の中で私がいちばん先に降りることになった。

若いカップルは今晩の宿泊先が決まっていない。時間は午前二時近い。彼らは私にユースホステルには泊まれるかと質問してきた。私は泊まれるかどうかわからないと答えた。次に日本の女性にどこに泊まるのか聞いていた。日本の女性は

「私だけが泊まるところであなたたちが泊まる部屋はない。来てもらっては困る」と実に明快に流暢

な英語で答えていた。いやあ実に頼もしい日本女性――こういう女性はまず犯罪に巻き込まれることはないであろうと思った。

ユースホステルの前で車は止まり、ここまでのタクシー料金の四分の一を私は支払い、その後トランクからリュックサックを下ろした。私が料金を支払っている間にカップルの男性はユースホステルに走って行き、泊まれるかどうか聞きに行った。私がリュックサックを背負ったとき、その男性は車に戻ってきた。ユースホステルには泊まれず、彼は車にまた乗り込んだ。

この若いカップル、レイキャビクへの到着時間が午前一時であることはロンドン出発のときからわかっていたことである。しかもたまたま一緒に乗り込んだタクシー客の宿泊先に泊まれるかどうか聞くなぞ図々しいカップルであった。

◆在留邦人

レバノンで働いている日本人女性

一九九八年一〇月レバノンを旅行したとき、ベイルートの宿泊しているホテルのすぐ近くに日本人経営のレストランがあるとガイドブックに書いてあるので訪ねた。カウンター越しに内戦中も苦労され、お店を開いておられた経営者の日本女性からレバノンの話を伺った。また、私が次に旅行するシリア国についての情報も得ることができた。記念に写真を撮り、後日日本より手紙と写真を送った。その返事の手紙が日本へ送られてきたので全文（原文のまま）を紹介する。

松本　正路様

お手紙嬉しく頂きました。過分のお褒めに恐縮しております。幾つになっても誉められる事は楽しく春から縁起がいいやと四股を踏みたい気持ちです。世界を歩いておられる幸福な人生の方に会えましたことは私も至福でお礼を申し上げます。

少ない日本人社会の中で日本語を話すことは僅かで言葉を忘れそうです。ご親切に話しかけて下さり光栄に思っております。

レバノンに住み三〇年、レストランを開いて二五年八ヶ月。その内戦争より辛い電気と水の無い生活が長く、外人嫌いなグループに主人（注・ベルギー人）を射殺されて一〇年、生活の為イラクのバグダッドに出稼ぎに行けばホステージ（人質）になるし、若い頃の日中戦争から大東亜戦争と運の無い人生をたどりながら、今まで生きてこられたのは家族であり友人であり、松本様のような方々の励ましの言葉と思います。

世界にはもっと辛い道を悲惨な生活をしている方が沢山います。どうぞ旅行をなさりながらやさしい言葉で勇気づけ、いたわってあげて下さい。写真有難うございます。板前さんに一枚渡しました。

レバノンは例年よりは雨も雪も少なく暖かい日が続いて夏を思いますともう少し降って欲しいところです。昨日魚河岸でふとった釣魚をみつけ春になったら困ると思いながら、糸きりの刺身を作りました。これでは黒鮪も近々入手出来ると楽しみにしています。オレ

左から二人目がヴァン・ツユさん。
レバノン・ベイルートにて

ンジ、リンゴは豊作だったのでトラックに山積して売っています。バナナも昨日は一キロ六円（US五セント）です。野生の小型シクラメン、口紅水仙なども出始め短い春を唄っています。どうぞお元気で楽しい旅行を祈ります。

一九九九年二月四日　ヴァン・ツユ

(原文のまま)

◆日本人旅行者

お互いに定年退職組そしてバックパッカー

一九九九年五月ドイツ・ベルリンのユースホステルのサロンで旅行ガイドブックを読んでいると日本人男性が隣に座り、話しかけてこられた。私がこれから旅行をしようとしている北欧、東欧を彼はすでに回っておられたので私は興味深く彼から旅の情報を得た。

一　彼も会社を定年退職

二　一人旅

三　お互いにバックパッカー

四　日本にいるときはＮＨＫラジオ外国語講座を聴く

以上四項目が彼と私の共通点である。彼は自己紹介のとき

「東京日野市の畑野・畑の畑です」

と言われた。

別れた後も妙に私の脳裏から彼のことが消えなかった。当日の手帳に「日野市の畑野さんと話す」とだけメモをしておいた。

その後私は二〇〇二年（平成一四年）一一月末まで各国を旅行し、二〇〇三年（平成一五年）の前半は講演会などで慌しく過ぎ、やっと二〇〇四年二月電話番号照会をしたところ東京日野市には「畑

野さん」の名前が四軒あることがわかり、二軒目に電話をしたところ彼の家であった。

そして二〇〇四年二月二五日彼の家で五年ぶりに再会し、世界旅行の話に花が咲いた。奥さんは彼が一人旅ばかりするので現在は別居中。奥さんは彼と一緒に旅行するのであれば五星のホテルでなければ駄目のようである。彼は六六歳一〇カ月から世界旅行を始めた。二〇〇四年（平成一六年）六月現在七五歳である。これからスペインを旅行する予定だそうだ。帰国したらまた再会することにしている。よい旅行友達に出会えて幸せである。

6　人間ウォッチング

日本女性とネパール男性のカップル

二〇〇〇年三月ネパール・カトマンズの日本食堂に入り、食事をしていたら、日本人女性（推定年齢三〇歳代）とネパール人の若い男性のカップルが入ってきた。彼女が彼にメニューでこれがよいとか勧めている。その後彼女と話をしたら、彼女はネパールが大好きで何回もネパールへ来ており、日本から両親も連れてきたことがあるとのこと。よくネパールのことを知っている。彼女からネパール・ポカラのお勧めのホテル名を教わり泊まった。そのホテルからはヒマラヤ山脈が美しく見えた。

さて、彼らの関係をウオッチングしていると、どうも常に女性が男性をリードしている様子。夫婦のようでもない。どうもその会話、態度から推察するに、日本人女性が若いネパール男性を従えているように見受けられる。今まで見たことのない「不思議な光景」であった。

定年退職後、夫婦でネパールへ行き、夫婦ともに日本語を教えている友人・石井貫太君にこの話をしたら、

「日本女性でネパールへ来て、ネパールの男性と付き合っている人は何人もいるよ」

と言っていた。

漁船オーナーより鱈一匹をもらう——アイスランド・ヴァトナ氷河の麓ハーフン港

二〇〇〇年七月アイスランドのヴァトナ氷河を見学しその夜は海に近いハーフン・ユースホステルに宿泊した。

夜八時。白夜の季節である。外は明るいので海岸から波止場へ散歩した。波止場に漁船が漁を終えて帰ってくるのを見ていると、車が来て男性二人が降りてきた。少しして、わかったことだが、彼ら二人は漁船のオーナーのようだ。私は波止場で獲った魚をクレーンで陸揚げする様子をじっと見ていた。オーナーらしき男が私に漁業関係の仕事をしているのか？　と質問してきた。漁船に乗っている人は一人だけ。漁船の中を見ると空色のプラスチック箱（高さ約一・二メートル、幅八〇センチくらい）が六箱あり、この中はすべて「鱈《たら》」。一箱はかなり重い。漁夫が船底のプラスチックの箱にロープを巻き、陸にいる男が岸壁の小型クレーンのフックに漁船からのロープをかける。そして一つずつ陸揚げされていく。沖を見るとほかの漁船もこちらの港に近づいてきた。やはり漁船には一人しか乗

っていない。

さて、船主は陸揚げされた箱から鱈を取り出し男二人でその鱈のことを話している。どうも鱈は大きめで満足している様子。

岸壁のクレーンのフックを掛けるのに漁夫が時間を待つようになったので、私がクレーンのフックにロープを掛ける仕事を三回手伝った。仕事を手伝ってあげることはモンゴルの大平原でも、アイスランドの氷河でも気持ちのいいものだ。ともかく、漁船に船員一人が乗り、船の操縦、魚を獲ること、獲った魚をプラスチックの箱に入れ、魚の陸揚げまで一人でやる。

まさにワンマンの仕事である。したがってたぶん給料もかなり高いと思われる。効率がいい。

私がほんの少し、お手伝いをしたためか、オーナーは私に鱈を一匹くれた。

その鱈の口に人差し指を入れ、ユースホステルまでぶら下げて帰り、ユースのおばさんにあげたら、たいへん喜ばれた。ただし、三〇分も歩いて人差し指で支えていたので指が痛くなってしまった。かなり大きな鱈だった。

この鱈がレストランでクリームソース煮として出てくると一五〇〇円くらいになる。魚のクッキングを覚えるとこれからはいいなあと思った。

ムール貝入りスープの食べ方二通り

一九九九年三月イタリア・サルデーニャ島のレストランで一人食事をしながら、すぐ近くのテーブルで男性二人が食事をしている様子を眺めていた。

ムール貝入りスープを二人とも食べているが、その食べ方が二人違っている。ひとりはムール貝を開き、実の入っているほうの貝を右手で持ち、その貝で下の赤色スープを満たし、そのまま口に入れている。

もうひとりはムール貝を開き、貝から実をフォークに刺し、これを下の赤色のスープに浸し口に持っていく。この食べ方を二人とも繰り返している。彼らは話に夢中になっているので私が見ていることには全く気がつかない様子だ。ムール貝入りスープに二通りの食べ方があることを知った。

ギリシャ人の顔とポルトガル人の顔は似ている！

二〇〇〇年九月ポルトガルを旅行していて日々ポルトガル人の顔を眺めているうちに「あれ、ポルトガル人の顔が今まで旅行してきた国のどこかの国の人たちに似ているなあ」と思った。そのうちに「ああ、確かギリシャ人の顔に似ている！」と確信し、ナザレの小さいホテルに宿泊したとき、そこの女主人も同様の顔であったので、思い切ってスペイン語で質問してみた。

「ポルトガル人のなかにはギリシャ人と顔がよく似ている人がいますね」

と、すると彼女、うんと肯いた。

ちょうど私たちが欧米人から「中国人と日本人の顔は似ていますね」と言われたとき私たちが肯くのと同じように。全く同じ質問をリスボンのレストランの男性（彼の顔がギリシャ人の顔に似ていたので）にしてみた。

彼の返事も、

「うん、そうだ」

と肯定である。

なお、ギリシャを旅行したのは一九九九年八月。

紀元前、ギリシャが植民活動を行い、フランス、スペインへも植民市を広げたことに関係があるのだろうか？

父親が乳母車を押す——ヨーロッパ・リヒテンシュタイン

一九九九年三月ヨーロッパ・リヒテンシュタインのユースホステルの近く、のどかな田舎道を三〇歳代の男性三人が夕方、静かにそれぞれ乳母車を押しているのにすれ違った。乳母車には一人ずつ、赤ちゃんが乗っていた。日本ではこういう風景は見たことがない。父親が育児をする時間を設けているのかな？

豊かな国であり、人々は皆悠々と生活しているように見受けられた。


街中、男性が所在なく沢山溢れている——アフリカ・チュニジア

二〇〇〇年八月チュニジアの首都チュニスの繁華街には所在ない風情の男性が溢れている。車道と車道の間にある幅約二〇メートルの長い緩衝地帯になっている公園には多数の男性が立ち話をし、歩道には暑い日差しを浴びながら、所々に小さい椅子を二〜三脚並べ男たちが座っている。また、何をするでもなく周囲を見回しながら歩道に立っている男たちもいる。ほかの国々でもこのような風景は眺めてきたが特にチュニスでは所在なくしている男性たちがたくさん見受けられる。

ウィークデーの午前一〇時頃である。

男性たちはどんな仕事をして稼いでいるのだろうか。

7　出入国時のハプニング（空港にて）

出入国時、入国審査、税関、チェックイン・カウンター（空港の搭乗手続き）では、旅の途上の気安さとは違う、独特の緊張感がある。一〇〇カ国の出入国時のハプニングのいくつかをご紹介しよう。

入国審査官に高級ホテルを紹介される
——カリブ海　セントキッツ国（正式名称セントクリストファー）

二〇〇一年二月、日本を出国する前にセントキッツ国紹介の旅行ガイドブックを探してみたが、見当たらず、到着時刻は昼間であり、やむを得ず、入国してからホテルを探すことにしていた。したがって入国申請書の宿泊場所記入欄は空白で提出した。

入国審査係官との応答は次のとおりであった。係官「今日の宿泊はどこか？」

私「空港の案内所と相談してホテルを決める」

（質問を受けている場所からすぐ近くにインフォメーション・センターが見えたので）

係官「インフォメーション・センターは閉鎖されている。ホテルが決まらないと入国は難しい」

係官は上司と相談した。今度は上司との応答
私「日本にはセントキッツの旅行ガイドブックがないのでホテル名を知らない。どこか海の近くで清潔なホテルを紹介してほしい」

その上司は係官と相談。

上司は係官にホテル名は「フリゲート・ベイ・リゾートがよい」と推薦。係官は私の入国申請書ホテル欄にフリゲート・ベイ・リゾートと記入した。やっと入国できた。

タクシーでフリゲート・ベイ・リゾートに着き、宿泊料金を尋ねてびっくり。何と一泊二万一千円である。交渉した結果一万七千円になった。一人旅でこんな料金の高いホテルへ泊まったことはもちろんない。タクシーは待たせてある。空港からホテルまで途中はサトウキビ畑のみでほかにホテルはない。泊まるか、ほかのホテルを探すか決断に一〇分要した。受付ではほかのホテルのことは何も教えてくれない。やむを得ずこのホテルに二泊した。私の旅行での一日の予算は宿泊、食事、移動費、入場費など込みで一万円（US$八五相当）である。二日間夕食を食べず、節約した。

入国係官の温情　ネパール・カトマンズ

二〇〇〇年三月ネパールは入国時でのビザ取得が可能であったため、事前にビザを取得せずにカトマンズ空港内でビザ申請書に記入し、係官に提出した。

係官から私の写真が添付されていないと指摘された。ビザには「本人の写真を添付すること」になっているのは事前に知っていた。

しかし、私はうっかり写真が入っている書類をリュックサックの中に仕舞い込んでしまった。リュックサックは「荷物預け」にしていた。

したがってターンテーブルから出てくる。

その旨を係官に話すと何と親切に、

「申請書に忘れたと書いておくからよい」

と返答。入国時、こちらの手落ちを救ってもらったのは初めてであった。

テロリストと疑われた――中東・イスラエル

一九九九年九月イスラエル入国の際、パスポートにレバノン入国のスタンプが押してあったためにテロリストと疑われいろいろな質問にあい、入国するまで一時間二〇分足止めを食った。バックパッカーのひとり旅であるから、私のスタイルは、ムギワラ帽子にリュックサックであった。

入国審査係員は若い女性。私のパスポートの各ページのスタンプをチェックしている。レバノンのスタンプがあるのを見つけ、「やったあ」というような顔をして事務所にいる女性に話しかけた。すると事務所から別の女性が出て来て、若い女性からベテランの女性（推定年齢四〇歳）に代わり、質問（尋問？）が始まった。

彼女は私のパスポートを手に、

「いつレバノンへ行ったか、何日レバノンに滞在したか。なぜテルアビブに入国せず、ハイファに入国してきたか」

「キプロスからイスラエルへのフライトは、テルアビブへは夜一〇時に到着する飛行機便しかなくハイファへは朝九時に到着できる。昼間到着したくハイファ行きを選んだ」と正直に答えた。

「どこの国から来たか」「キプロス共和国から」である。「イスラエルに知人はいるか」

などなどを質問された。

質問を受けている場所から荷物受け取りのターンテーブルはすぐ近くにあり、私のリュックサックだけが一つ、ターンテーブルに乗っているのが見える。リュックサックの中に名刺が入っており、それを彼女に見せようとリュックサックに近づくと、リュックサックには近づくなと言う。彼女はリュックサックの中に爆発物が入っていると疑っている。リュックの中に爆発物はないと言って、やっとリュックのヒモを私がとき、名刺を見せ、いろんな国を旅行している者だと説明をしたが、リュックの中身を全部彼女は取り出し始め、別室でその荷物を一つ一つX線にかけ始めた。

「カメラのフィルムを抜きたい」

「目覚まし時計は何時にセットしたか」

「この薬品は何か」

洗剤、薬品を一つ一つ点検し、男、女の係官二人で私の持ち物を確認しあっている。靴をぬがされ、靴をX線でチェック。持ち物すべて異常がないとわかるとすべて出しっぱなしでターンテーブルに置いた。後日、目覚まし時計をセットしたら、丁度四時間狂って目覚ましが鳴る。当日朝五時に目覚まし時計をセットし、午前九時に時計をガイガーにかけられたためだ。


出国時の質問内容（女性係員）——テルアビブ空港

質問内容
「なぜ、私たちの嫌いなシリア、レバノンへ行ったのか」
係官に私の英文の名刺を渡した。
「それだけ各国を旅行していれば、本、ノート、メモをこのリュックサックの中に持っているだろう。今日はそれらを調査しないけれど。退職前の会社でどんな仕事をしていたか。旅行費用は誰が出しているか。シリア、レバノンの人たちと接触したか。なぜイスラエル入国の際、パスポートに入国スタンプを押せなかったのか。今年はいつ日本を出発したのか。ずうっと一人旅なのか。イスラエルは何日滞在したか。どこへ行ったか。最後にイスラエルをどう思うか」。私の名刺を上司（女性）にも見せ、この名刺はもらっていいかと言い、やっと解放された。

入国時「所持金を全額見せなさい」と税関係員に言われた——ミャンマー

二〇〇〇年三月ミャンマー空港にて入国時、税関係員に「所持金すべてを見せなさい」と言われた。所持金すべての申告はかなりの国でよくあることだが。

後続の入国者は続々来るし、四〜五メートル先には出迎えの人たちがたくさんいる。私は税関係員に対し、所持金は秘密のポケットに入っているから、どうしても見せなければならないのであれば、どこか、人のいないところであれば良いと答えた。すると事務所に来るようにとのこと。係員二人の前で、すべてのトラベラーズチェック、USドルなどを見せた。お金を机の上に出している間、内心盗られてしまわないか警戒していたが、無事、事なきを得てこちらも安心した。

出国時の再両替——少ない両替にクレームをつける——ミャンマー

出国時、空港の両替窓口でミャンマー通貨（チャット）から一三〇米ドルへ両替しようとしたら、トラベラーズチェック（旅行者用小切手）からミャンマー通貨に交換した通貨（チャット）は再両替できないという。

異議を申し立てた。チャットを外国へ持ち出すことのほうが問題である。すると係員は少し考え一〇〇米ドル相当は再両替に応じると言った。

私は、

「今、ミャンマーを去ろうとしている。ミャンマーを見て、たいへん良い国の印象を持っているのに、ここで悪い印象を持つようになったら、日本に帰ってたくさんの人にミャンマーはよくない国であると言う」

と言ったら両替窓口の男女は二人で相談を始めた。その結果やっと一二七米ドル相当までの再両替をすることができた。三ドルは彼らの懐に入るのだ。

空港には両替所はここ一箇所で、銀行はなく、唯一の公的両替所である。しかも両替所の場所はすでに手荷物検査も終了済みの空港内部の場所にある。

チェックイン・カウンターで「パスポートと航空券を到着時まで預かる」と言われた！

——カリブ海　セントキッツ国（セントクリストファー）

セントキッツを出国し、次の国ドミニカ共和国へ向かうとき、アメリカ自治領プエルトリコ経由になる。セントキッツ空港アメリカン・エアライン搭乗カウンターで手続きをする際、女性係員は私に

「プエルトリコで降りる際、アメリカへのビザが必要である」

と言う。

私は「アメリカへ入国する際、必要なのはI—九四Wの用紙に記入することで日本人にはビザは必要ない」

と主張した。

彼女は私に搭乗券を渡しながら、

「パスポートと他の航空券は飛行機がプエルトリコへ到着してから渡す」

と言う。私はパスポートと他の航空券（日本までの）を戻すよう主張。今までこんなことは経験したことがない。女性係員はカウンターから奥の事務所へ行った。しばらくして、男性の係員がカウンターへ来て、私のパスポートを開き、国籍のところを見て、女性係員に、「日本人じゃないか、中国人ではないよ」と言い、私には「失礼しました」と言ってパスポートと他の航空券を戻してくれた。私は中国人と間違えられていたのだ。

その後、搭乗ゲートに行き、ゲートの近くのベンチで搭乗を待っていた。そこへアメリカン・エアラインの受付にいた女性係員が私のところに来て

「間違えました。申し訳ありませんでした」

と謝罪した。通常謝罪はないが、上司から言われたのかもしれない。このあたりは、中国人は来ても、日本人はあまり来ないのかもしれない。

ノースウエスト航空がオーバーブッキング

一九九九年一〇月、成田空港でノースウエスト航空成田発北京行きフライトがオーバーブッキング（座席数より多く航空券を発行したこと）になり、志願して翌日のフライトにしたためノースウエス

ト航空から一年間有効のアジア行き航空券を取得した。

成田空港のノースウエスト航空チェックイン・カウンターで所定の搭乗手続きを終了し、搭乗ゲートの近くにいた。搭乗開始一〇分前に次のような場内アナウスがあった。

「ノースウエスト航空で北京へ行かれる皆様へ、本日はオーバーブッキングになりましたので、明日午前中日本航空のフライトでよろしい方は至急申し出てください。お詫びに本日空港近くのホテルの手配とノースウエスト航空より一年間有効のアジア行き航空券または米国内一年間有効の航空券を差し上げます」

私は明日のフライトでいいのでリスト表に名前を書いた。その直後から搭乗が始まった。ほとんどの乗客が飛行機に乗り込んだところで私は係員に

「リスト表に名前を書いた松本ですが、まだここで待っていればいいのですか?」

と尋ねた。すると係員は、

「そうですね、搭乗してもらいましょうか」

との返事があった。

これはチャンスを逃したと思いつつ、指定のエコノミー席に座った。

五分くらいした後女性の係員が私の席に来て、

「松本さんですか? やはりオーバーブッキングになりましたので、たいへん恐縮ですが降りていた

だけますでしょうか」

と低姿勢に言われた。幸い私の荷物は機内に持ち込んだ手荷物だけであった。女性の係員と一緒に飛行機を降りた。話には聞いていたが初体験である。

まず、明日の日本航空の北京行きのチケットとノースウエスト航空より一年間有効のアジア行き航空券をいただいた。

さあ、それから空港事務所の裏の通路（誰も通っていない）を左右に何回も回りながら、女性の係員について歩くこと歩くこと。

重要な手続きは私のパスポートに「今日の出国手続きがされているのを取り消すこと」である。

その後も空港事務所の裏口を歩き、やっと空港の出口に来て一般の人に出会った。女性の係員が、

「あのマイクロバスに乗ってください。ホテルへ行きますから」

と言う。今日宿泊するホテルのクーポン券をもらう。マイクロバスには七名が乗っていた。着いたホテル名はホリデイイン。チェックインを終了し、今日の夕食と明日の朝食券をもらった。

いい部屋である。まず、妻に電話をかけ、状況を話す。次に北京の予約してあるホテルへ英文で、「飛行機の都合により今日の宿泊はキャンセルし、明日から宿泊したい」旨のファクスを書き、ホテルの受付に北京への送信を依頼した。すると受付の男性はファクスを読み

「この費用はノースウエスト航空のほうに回しておきましょう」

と言ってくれた。ホテル代、夕食、朝食代、北京へのファクス代すべて航空機会社の負担である。

何か申し訳なく思う。食事をしていると、隣席のインド人は、
「アメリカからの飛行機が延着し、日本に泊まらざるを得なくなった」
とぼやいていた。空港近くのホテルには種々の理由でここに泊まらざるを得ない人々がいるのだ。ノースウエスト航空から昨日もらった一年間有効のアジア行き航空券を書留で自宅に郵送した。ホテル受付に一泊の料金を尋ねた。通常一万円である。翌朝ホテルよりマイクロバスへ乗り、再度成田空港へ向かった。

なお、ノースウエスト航空からもらった一年間有効のアジア行き航空券は翌年二月シンガポール往復に使用した。

8　失敗談

失敗談というよりハプニングである。旅は、これがあるから楽しいとも言えるのであるが……。

ホテルがどこも満員

妻と一緒に一九九九年六月にストックホルム滞在中（四泊五日）、最初の二泊はユースホステルを日本で予約し、残り二泊は現地で気に入ったホテルを探そうと軽く考えていたのだが、運の悪いことにコンピューター関係の国際会議が開かれているとかで、ホテルを軒並みあたったが何処も満室であ

る。何とか四泊目はホテル予約ができたが、三泊目がどうにもならない。宿泊案内所に相談すると、フィンランド・ヘルシンキ行きの船に乗って一泊し帰ってこられたらいかがですかという。スケジュール上、そんなわけにはいかない。ストックホルムの駅構内で一晩明かすことになるのを覚悟して、駅のそばの旭寿司で夕食をとることにした。話を聞いた主人の井上美智雄氏は、知りあいのホテルに問い合わせてくれたがやはり満室だった。すると親切にも井上氏のお宅にわれわれ夫婦を（奥さんの了解をとったうえで）泊めてくださるという。

井上氏は病院勤務のフィンランド人の夫人と一〇歳の男の子の三人家族。マンション暮らし。寿司店を閉めるのは夜遅いので夕食を家族と一緒にすることはめったにない。このようなすれ違い生活にはヨーロッパ女性は我慢できずに、破局に至るケースが多いという。閉店後の夜一〇時過ぎ、井上氏と一緒にバスへ乗りマンションに着いた。男の子はお母さんと寝て、子供部屋を私たちのために空けておいてくださった。翌朝夫人と男の子が出かけた後、井上氏は私たちを川沿いの小さなレストランに案内し、美味しい菓子パンとコーヒーの朝食をご馳走してくださった。ホテルが満室だったおかげで、人の親切に触れ、得がたい体験をすることができた。

宿泊を断られる——オーストラリア、イタリア、イギリス

一九九七年一一月オーストラリアのアデレイドから夜行列車でメルボルンに着き、リュックサックを背負い、繁華街へ出て、今日の宿泊場所をどこにしようかガイドブックを片手に街中を歩いていたとき、急に便意をもよおした。

周囲にトイレはなく、周りを見渡すと高級なホテルが目に入った。昨夜は夜行列車であったし、トイレに入りたく、そのホテルに空き部屋があるか、値段はいくらか照会してみようとホテル受付に行った。受付の女性に部屋があるか照会を始めたら、私の身なりを上から下までジロッと見てあっさり部屋はないと断られた。私のスタイルはバックパッカーであった。

一九九九年三月イタリアのアドリア海に面したジェミニ駅へ列車から降りた。

今晩のホテル探しに二〇～二五分歩き、三つ星クラスのやや大きめのホテルを発見。入り口は開放的であり、部屋があるかどうか照会した。今日は空き部屋なしとの返事であった。今は海水浴シーズンでもないのに。

私のスタイルはバックパッカーであった。怪しげな中年ヒッピーに見られたのだろうか。私はユースホステルに四～五泊した後は（ユースホステルは相部屋が原則）少し贅沢をして二つ星か三つ星クラスのホテルの一人部屋でゆっくり休みたくなる。

二〇〇〇年五月イギリス・ネス湖近くで、民宿（ベッド［Bed］［Breakfast］と朝食付きなので、通称B&Bという）に泊ろうとした。

空室の看板があるので玄関のベルを押し宿泊依頼をしたところ三軒立て続けに断られた。

私の旅スタイルは一人旅バックパッカーだった。四軒目の民宿でやっと宿泊させてもらった。

B&Bは一人旅を歓迎しないように見受けられる。一人旅でバックパッカーならばユースホステルに泊まればいいのにと思うのであろうか。

この四軒目でやっと宿泊させてもらったイギリス・ネス湖近くのB&Bで昼間奥さんが一人で編み物をしているとき、話しかけたら

「今、忙しいから」

と断られた。編み目を数えていたのだろうか?

ビザがなくて入国できず——ナウル共和国へ「ビザなく、フライトできず!」キリバス共和国空港

二〇〇二年一一月オセアニア・キリバス共和国(太平洋戦争で日米両軍の激戦場だったところ)からナウル共和国へ行くためキリバスのタラワ空港へ行った。航空会社はナウル・エアー。カウンターで航空券とパスポートを出したが、受付の女性はパスポートにナウル共和国のビザがないと言う。私は、

「いや、日本人はビザ不要である」

と言って問答をつづけていると、ボスが出てきて、

「ナウル共和国へはビザが必要である」

と言う。ナウル航空から最近来たファクスを見せビザがいると言う。

二〇〇二年春に日本でナウル共和国へのビザをチェックしたときは不要であった。ほかの人はどんどん搭乗しているのに私だけカウンターに残されてしまい、ボスもカウンターからいなくなった。

キリバス共和国、ナウル共和国には日本大使館はない。ナウル共和国に電話照会を依頼するが、電話回線がよくない。ビザが無く飛行機に搭乗できないのは初めてである。とうとうナウル行きの航空機には搭乗できなかった。

やむを得ずホテルに引き返す。ホテルの部屋からマーシャル諸島の日本大使館に電話をし、ナウルの日本大使館がどこにあるのか、また電話番号も教えてほしい旨、照会した。フィジーの日本大使館がナウル共和国も兼務していることがわかり、フィジーの日本大使館へ電話をした。フィジーの日本大使館ナウル担当の橋口さんの説明――。

「ナウル共和国への入国はビザが必要になりました。五カ月前までは不要だったが、ナウル共和国は現在オーストラリアの支援でアフガニスタンから難民を受け入れている。そのため日本から入国するのにビザが必要になった。ナウル共和国へどうしても今回行きたいときは入国目的、滞在日数、名前、パスポートのコピー、入国ルートを英文でフィジーの日本大使館へすぐファクスを送ればナウル共和国のフィジー領事館の諒解をとってあげましょう」

それらの資料をホテルからファクスをした。その後、橋口さんからホテルの部屋に電話があり、「ナウル共和国のフィジー領事館からナウル共和国の空港にあなたのファクスが入っているからあなたが私にファクスしたものをキリバス空港で見せればナウル行きのフライトには搭乗できます」

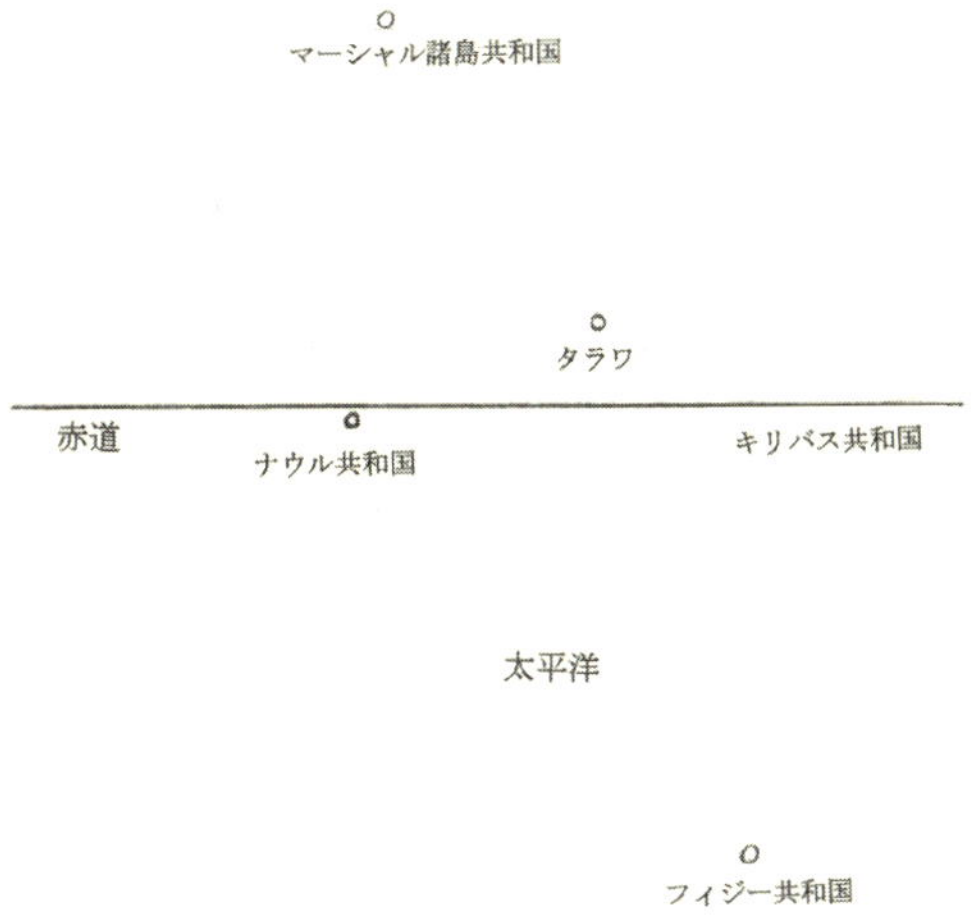

ナウル、キリバス略図。大平洋に点在する島々からなる

との回答をもらった。しかしナウル共和国へのフライトは明日もフライトもなく、コンチネンタル・エアラインの航空券も期日が限られたものを購入していたため、期日を延ばすとお金が余分にかかる。ナウル共和国行きは諦めた。二日前に航空券再確認の了解もとっていたにもかかわらずビザの有無の確認をしなかった。前日にこの行動を起こしていれば搭乗可能だったのに。誠に残念であった。

　キリバス空港カウンターではアフガニスタンからの難民の話など全くなかった。

　それにしてもオーストラリアは自国に難民を受け入れず、貧しい国ナウルへどうしてアフガン難民を受け入れさせるのであろうか？　キリバス共和国、ナウル共和国ともに通貨単位はオーストラリアドルである。

　帰国後キリバス—ナウル間の航空券は払い戻し

を受けた。

東京で契約した車料金が高すぎた――パプア・ニューギニア

二〇〇一年五月、東京のパプア・ニューギニア専門旅行会社の説明は次のようであった。

「パプア・ニューギニアのクツブ湖はたくさんの鳥がいて自然がそのまま残っているすばらしい景色です。クツブ湖には粗末ですがロッジがあり、そこに宿泊でき、美しい自然を満喫したいという松本さんの希望に合う場所です」

しかし、

「メンディからクツブ湖岸まで往復四輪駆動車をチャーターし、途中危険なのでボディガードを雇う必要がある」とのこと。

車のチャーター代は高いが、ボディガード代はそれほど高くない。「ボディガードを雇う」のは、ビジネスでは聞いたことがあったが、私は今まで体験したことがない。たいへん興味が湧いてきた。

車の料金がどうしてこんなに高いのか、何回も旅行会社に質問した。その回答は運転手とガードマンの宿泊料金が含まれているのではないかとのことであった。ああ、それで高くなっているのかな、と思った。クツブ湖行きを実施しようかやめようか迷ったが、数日後その会社と契約した。

五月三一日、場所はパプアニューギニア・メンディのロッジ前から（きれいな川があり、快適なロッジである）私は車の助手席に乗った。ドライバーは頑健そうに見える。荷台には頑強には見えない

パプア・ニューギニア略図

ボディガード二人を乗せ、四人でクツブ湖へ出発した。彼らが持っているのは一般の人が草刈に使用する長さ六〇センチくらいの半月形の鎌だけであった。

舗装道路はなく、ところどころぬかるみ、時速一〇キロメートル以下しか出せないところが何十箇所もある。バスはこの道を週二日通る。たまに集落がある。途中どの辺が治安が悪いのかわからないドライバーは、人に出会うとやさしく手をあげ、低姿勢の挨拶である。所要時間二時間半で無事クツブ湖畔に着いた。

一〇分位湖畔にいると、何処からともなく現地人の男性（推定年齢四〇歳位）と一〇歳位の少年が来た。小さいボートがあり、その男性は私に一緒にボートへ乗るように言う。湖畔から二〇〇メートル位沖に小島があり、そこにロッジがある。ドライバーとボディガードは三日後に迎えに来ると言ってトンボ帰りをしてしまった。

その小島は中ノ島である。島へ着くと少年の案内で原生林の急坂を二五分位掛けて頂上まで登った。すると頂上に

クツブ湖畔
右から2人目の人がドライバー。両端の二人がボディガード。ボディガードをやとったのは初めてだ。

パプア・ニューギニア　クツブ湖・正面に見える小島に２泊した。なかなか得がたい経験だったがあまり他人にはおすすめできない。

宿泊した小島の中のバンガロー。島にわたしひとりで２晩すごした。

は休憩小屋（長テーブルと長いす）がある。その後少年はさっさと下へ降りてしまった。

ここで休むこと五時間、人は誰もいない。誰も来ない。ボートを漕いだ男性が夕方にやっと現われ、夕食は彼が支度をするという。頂上から二〇メートル下ったところに粗末なバンガローがあることが分った。朝食と夕食は対岸から食材を休憩小屋に運んできて、調理をするが、食事を出すと彼は中ノ島からボートで自宅へ帰る。昼食はなし。水は雨水で電気、電話がない二泊三日間、終日クツブ湖を眺め、大自然の中でひとり孤独な生活を過ごした。この何週間かバンガローに客が泊った様子は全くない。

三日目、車が湖岸まで迎えに来てくれ、同じ道をメンディへ無事戻った。それほど物騒なルートにも思えなかった。メンディのロッジ支配人（オーストラリア人）に尋ねたら、メンディとクツブ湖往復車のチャーター費用は一万四千円である。

ボディガードを雇う初体験をしてみたが、この二泊三日の小旅行は皆様にお勧めできない。何も事件が起こらなくてよかった。

日本で契約したメンディとクッブ湖往復車のチャーター費用三万四千円が高すぎた。加えてボディガード代六千円。合計四万円を東京で契約時に支払った。パプア・ニューギニアへ行き、旅行会社がパプア・ニューギニア国内だけで中に三社も入っていることがわかった。

民宿に泊まったが言葉が通じず

一九九九年七月北欧リトアニアの観光案内所で紹介してもらい、民宿に宿泊した。宿泊費二八〇〇円。オーナーは男性。奥さんはすでに他界されたのか離婚したのか不明。民宿といってもアパートの二階である。部屋数は二部屋。小さい食堂横に狭い台所、そして狭いテラス。彼は寝室の窓を自身で改造中のところを見せてくれた。彼が毎日朝食の用意をしてくれる。ある日息子夫婦とその子供が父親を訪ねてきたが、わずか四〇分くらいで帰った。父親にとっては自慢の息子で、息子の事業が成功している

リトアニアの民宿オーナーの男性

ようである。オーナーはリトアニア語とロシア語を話すが、私は英語とスペイン語。したがって私たちの会話は身ぶり手ぶりである。なかなか通じない。生まれた年はお互いに一九三六年で、彼もリタイア組であることまではわかった。彼はたいへん誠実な男であるが、言葉が通じないとお互いに長時間は向き合っていられないことを実感した。

9　ヒヤッとしたこと

小型飛行機が急降下した！　——オーストラリア

一九九七年一一月オーストラリア北部（ノーザン　テリトリー）・カカドゥー国立公園内を三〇分間遊覧飛行した。六人乗りの小型機である。乗客は二名。私は、パイロットの隣席に座った。

上空から小型の竜巻を初めて見た。大地は乾燥し赤茶色に染まっている。硫黄色の池や、先住民のアボリジニーの住んでいる住居も見えた。

地上の風景を見ていると、突然飛行機が急降下しだした。瞬間、飛行機が墜落するのかと思った。パイロットのほうを見ると操縦桿を一瞬離したところだった。パイロットはすぐに操縦桿を持ちなおし、飛行機は再上昇した。パイロットは私に、

「ごめんなさい（sorry）」

と言ってくれた。無事、事なきを得たが、「この一瞬もう駄目か」の覚悟を初めてした。これ以降

死に対する覚悟がやっとできたような気がする。

タクシーのドライバーに救われる——ルーマニア

一九九九年八月ハンガリーのブダペストを午前七時一五分発の列車に乗り、ルーマニアのブカレストへ午後六時一五分着の予定が四時間一五分遅れ午後一〇時三〇分着になった。所要時間一五時間一五分の長旅だった。

ブカレスト駅は野犬が四匹うろついており、プラットホームのタイルが剝がれ、荒れている。駅構内で両替をし、駅前に出ると、時間はすでに夜一一時をまわっていた。空きタクシーがたくさん並んでいる。

空きタクシーの先頭まで行き、先頭のタクシーに一瞬、乗ろうかと思ったとき、その少し前にさらに一台のタクシーがあったので、直感でこの前に停まっているタクシーを選び助手席へ乗りダウンタウンの予約してあるホテルへ向かった。幸い運転手は英語を話す。話題が治安のことになりドライバー曰く「若者が犯罪をおかす、我々のような年配者はまじめに働いているのに、若者がよくない！」と嘆く。車はダウンタウンに入り、少し街灯の暗いところで止まり、ここの右側がホテルだと言う。時間は夜一一時四〇分である。

タクシーのメーターを見ながら、支払いをしようとしたとき、ドライバーが

「ちょっと待ちなさい外に人がいるから、ここで降りると危ない、少し前に車を動かす」

と言い、私に、

「助手席の窓ガラスを少し開けてほしい、私が言うから」

とのこと。少し窓ガラスを開けると、男三人が車の窓ガラスにピッタリ顔をつけてきた。私はその瞬間ハッとした。ドライバーは窓ガラス越しに外の男たちにルーマニア語で話しかけた。そして車は約一〇メートル前に行き止まった。運転手曰く

「ここなら安全」

ホテルの場所は大通りと狭い通りの角に面し、ホテルへ入るには階段を五、六段上がらなければならない。つまりホテルに車を横付けできないロケーションになっている。タクシーから降りた瞬間を狙って襲ってくる可能性があることを初めて体験した。いや、よい運転手に恵まれた！　感謝！

タクシー・ドライバーの嫌がらせ——モロッコ

二〇〇〇年八月モロッコ・カサブランカ空港からダウンタウンまで三五キロメートル。カサブランカ空港内に小さい案内所があり、そこでタクシー乗り場を聞いた。すぐ近くであることがわかった。案内所の女性は私にダウンタウンまでUS二五ドルですよ！　それ以上出したら駄目ですよ！　とアドバイスしてくれた。

さて、タクシー乗り場へ行き、タクシードライバーに二五ドルでダウンタウンのホテルまでと告げ、乗車した。途中でタクシードライバーはあと一〇ドル欲しいと言い出した。私は、

「案内所からもいわれたけど二五ドルが決まり料金だから」

と言った。しばらくしてまた同じ交渉が始まった。車は蛇行しながら走り始めた。嫌がらせである。日本でも蛇行運転に遭遇したことがあり、別に怖くはない。車道の両側は荒れた半砂漠に近い大地。人は全く通らず、時たま車がすれ違うだけ。内心この辺で「車を降りろと言われたら困る」と思い、ドライバーに、

「以前からモロッコに来たいと思って今、やっと来た。特にカサブランカへ」と話した。しかしドライバーは特に感動した様子もない。

ダウンタウンが車窓から見える距離になってきた。推定でまだ二、三キロメートルはありそうである。ドライバーはもうホテルまで近いからここで降りないかと言う。いや、ホテルまでの約束だと私は言った。ダウンタウンの中に入り、「カサブランカに何日いるのか」とドライバーの質問があった。

「三泊し、またカサブランカの空港へ行く。そのとき迎えに来てくれたらあなたの車に私は乗る。約束する」

と答え、無事予約しておいたホテルへ到着し、約束の二五ドルを支払った。ホテルにチェックインし、ほっとした。

四日後、約束は約束だと思い、あの不愉快なドライバーを待ったが、やはりドライバーはホテルに現れなかった。

10 ユースホステル宿泊体験

主としてヨーロッパ・ユースホステル宿泊体験談を紹介する。

ユースホステルに宿泊した国は以下の一九カ国であった。一カ国数箇所のユースホステルへも宿泊した。

当初慣れなかったユースホステル宿泊もいろいろな国のユースホステルを利用していくうちに、しだいに慣れていった。諸設備、部屋が清潔であること、夜一〇時以降安眠ができ、貴重品預かり所、ロッカーがあれば御の字である。

都会（ロンドン、パリ、ベルリン）にあるユースホステルは門限が遅いため、真夜中に帰ってくる人が多い。雰囲気もやや荒っぽい。

概して郊外にあるユースホステルは雰囲気が落ち着いている。

ドイツのユースホステルは州や都市により年齢制限がある。たとえばミュンヘンは二六歳未満のみ宿泊可能である。

ブラジル、中米コスタリカ、オーストラリア、ニュージーランド

イタリア、ドイツ、ルクセンブルク、リヒテンシュタイン、ベルギー、スイス、

オランダ、デンマーク、スウェーデン、ノルウェー、フィンランド、エストニア、イギリス、フランス、アイスランド

◆ユースホステル宿泊のメリットとデメリット

メリット

1　宿泊費、食費が一般のホテルに比較してかなり安い。宿泊費はおよそ二五〇〇円から二八〇〇円位である。

2　通常洗濯機と衣類乾燥機が地下室に設置されており、コインを投入し、洗濯と乾燥が自分でできる。

3　相部屋であるため、各国の人に会い話す機会が多い。ひとり旅の醍醐味である。

ベルギー・ブルージュのユースホステルでは同室のオーストラリア青年と意気投合し、ベルギー・ブラッセルのユースホステルへ一緒に移動し、同じ部屋に宿泊し、ブルージュ、ブラッセル合計四泊五日間、行動をともにした。

4　その気になれば、談話室、食堂などで宿泊者同士旅の情報交換ができる。

一緒に昼食材料を買い、キッチンで調理し、ともに食事をした。

5　夫婦の場合は個室にしてもらえる。

ドイツ・ベルリン郊外ユースホステルの建物

デメリット

1　部屋は相部屋で、通常四、六、八人部屋である。ベッドは上と下二段に分かれている。
2　相部屋であるため、酒を飲んできていびきをかく人もおり、こちらの安眠を妨害されることもある。
3　場所は交通の便がよくないところにあることが多い。
4　貴重品預かりがフロントにないユースホステルもあり、その際は貴重品を腹巻にしまい就寝することもあった。
5　部屋にタオルを掛けるところがないユースホステルもある。

ユースホステル宿泊者の年齢は一〇代後半から二〇歳代がいちばん多い。次は三〇歳代、四〇歳代以降も二割くらいはいる。

ユースホステルには身体障害者、難民を受け入れているところもある。私が実際に見聞きしたユースホステルの利用者事情をご紹介しよう。

身体障害者、難民の受け入れ

ドイツ・ベルリン郊外ユースホステルの寝室・二段ベッド

ドイツ・ケルンでは五人の青年がそれぞれ車椅子に乗った少年たちを押しながら、受付に入っていくところを見かけた。イタリア・ジェノバでは三〇歳代のろう者がユース受付の人と手話で会話をしながらチェックアウトをしていった。ユースホステル受付の人は手話ができるのである。素晴らしい。フランス・シャモニーでは親戚の人が盲目の人を連れて食堂で食事をしていた。

ルクセンブルク（一九九九年四月）ではコソボから来た家族四人が泊まっていた。彼らはすでにそのユースホステルに滞在して二カ月になる。コソボ難民である。レセプション（フロント、受付のこと）の人の話ではルクセンブルク政府は「コソボから二〇〇〇人難民を受け入れ、その費用も支払っている」とのこと。難民受け入れ施設の一例としてユースホステルを使用している。コソボ難民に英語で話しかけたが通じなかった。その家族に約一八〇〇円カンパをした。

帰国後、『世界各国要覧』（東京書籍）でルクセンブルクの項を開いたら、一九九六年の一人当たりのGNPは世界ナンバーワンであった。

グループ宿泊

イギリス・ドーバーでは小学生のグループ約二〇名が先生と一緒に宿泊していた。

イタリア・ジェノバでは中学生のグループ約二〇名が先生と一緒に朝食をとっていた。小中学生が先生と一緒にユースホステルに宿泊している光景は微笑ましい。

ベルギー・ブルージュではオランダの高校生六〇名くらいが宿泊していた。台湾からは四〇名くらいのグループが貸切バスでベルギー・ブルージュのユースホステルに宿泊していた。平均年齢は五〇歳を超えていた。日本の団体旅行客は見かけなかった。

翌年、フランスのシャモニーのユースホステルでも貸切バスで台湾から六〇名くらいのグループが宿泊していた。やはり平均年齢は五〇歳を超えていた。

ノルウェー・ロフォーテン諸島のユースホステルではアメリカ在住のノルウェー出身者約三〇名が里帰りツアーで来ていた。彼等の平均年齢は六五歳を越えていた。

出張者も利用

一九九八年二月ブラジル・リオデジャネイロでは同室のブラジル男性は毎朝仕事に出かけ、夕刻帰ってくる。夜は懸命に書類に目を通していた。部屋には冷房はなく、天井からの扇風機が回っており、部屋は温度、湿度ともに高かった。

日本人の宿泊

一九九九年三月イタリア・ナポリではたまたま夕食時に日本人と食堂で会い食後コーヒーを飲みながら懇談した。お互い一人旅だった。イタリア料理の修業に来て六カ月になるA君三一歳、頭に日本手拭いを巻き、アジアから旅して一四カ月になるB君二九歳、ロンドン在住二四年になる女性（息子はロンドンで建築学を学んでいる）、七月からロンドンに二年留学予定の二四歳の女性、イタリアだけ一カ月旅行の女性（彼女の一日の食費予算を聞いたら八〇〇円だそうだ）。

その他のユースホステルでもさまざまな日本人に出会った。

ヨーロッパ人は朝シャワー

宿泊したユースホステルには浴槽は無く、シャワーのみであった。

夕方から夜にかけて宿泊者で各部屋は満室になる。通常日本人は宿屋に着くと風呂を浴びる。私も夕方にはシャワーを浴びるが、どこのユースホステルも夕方シャワー室は空いている。ところが朝、シャワー室はどこも、いっぱいである。ヨーロッパ人は朝シャワーを浴びる習慣がある。

◆設備、施設について特徴があったユースホステル

食堂に超大型の冷蔵庫が七台

オーストラリア・ダーウィンのユースホステルは収容人員一〇〇名以上。中庭にはプールがあり、読書部屋、書斎も完備。

熱帯地方（南緯一二度）なので食堂には超大型の冷蔵庫が七台並んでおり、毎日一台の冷蔵庫は中に入っている食べ物、飲み物をすべて処分することになっている。「明日この冷蔵庫の中のものを処分する」という表示のある冷蔵庫の中はがらがらである。たぶん真夜中に処分してしまうのだろう。ほかの冷蔵庫は宿泊者の食べ物、飲み物が満杯に入っている。

シャワーの水、洗面所の水は鉄管の錆で茶色

北欧エストニアの首都タリン郊外のユースホステル。周辺で買い物する場所は近くのガソリンスタンドの小さい売店のみ。シャワーの水、洗面所の水は鉄管の錆で茶色である。一〇〇名くらい収容できるが、泊まり客は四~五名。旧ソ連体制のとき、建設された何かの施設だったと思われる。

その後リトアニアを旅行中、日本国際協力事業団（ＪＩＣＡ）の人から聞いたことだが、リトアニアの水道本管は直径一・八メートルあるが、水道の流れている部分は一メートル、残り八〇センチは

鉄が錆びている。エストニアの水道本管もリトアニアと同様と推測する。

ヨーロッパの洗濯機

国により洗濯機メーカーの構造が少し異なるが、各ユースホステルの地下室にある各種洗濯機を使用しているとかなり洗濯機の取り扱いには慣れてくる。ヨーロッパの水道水は硬水のため石鹸の泡が出にくい。したがって洗濯機の中に湯沸かし器が組み込まれており、たとえば温度（華氏）六〇〜一六〇度のメモリが付いている。

朝食にはフォークを使わない――デンマークのユースホステル

一九九九年五月デンマーク・コペンハーゲンのユースホステルに宿泊し、朝食の際ナイフはあるが、フォークを探しても周囲に見当たらない。食堂の係の人にフォークはどこにあるのか尋ねると、デンマークの当ユースホステルでは「朝食にはフォークを使わないことにしている」との返事。朝食は基本的に質素でパン、バター、若干のジャム類とコーヒーか紅茶が基本メニューである。

ダニにやられる

フランス・カルカソンヌのユースホステルに宿泊した。歴史的に由緒ある建物である。宿泊し、朝

ドイツ・ケルン郊外ユースホステル全景

起きたらダニに体をやられた。受付の人の話では今日ダニ掃除をすると言っていた。宿泊者から苦情が出たのであろう。

素晴らしきドイツ・ケルン郊外のユースホステル

ドイツのケルンに列車で着き、重いリュックサックを背負い地図を片手に捜しながら歩き、やっとケルンのダウンタウンのユースホステルへ辿り着いた。しかし、満員で宿泊できないとのこと。

受付の男性はケルン郊外のユースホステルに部屋が空いているか照会の電話をかけてくれた。部屋はあるとのこと。行き方も教えてもらったが、路面電車に乗り、その後郊外電車に乗り換えるのだと言う。私は少し疲れており、この近くの安ホテルにでも宿泊しようかと考えた。時間は午後四時。

しかし彼はぜひ郊外のユースホステルへ行って

スイス・グリンデンワルトのユースホステル全景

くれとのこと。せっかく予約をしたのだからキャンセルすることは困ると言う。路面電車に乗り、乗換駅で降りたが、周囲を見渡しても郊外電車の駅が見つからない。ケルンの詳細地図は持っていない。近くをパトロールしていた警察官に郊外電車の駅への道を聞いたところ、

「ここから二五〇メートル先を左に曲がると郊外電車の駅がある」

と教えてくれた。そのメートル数は実に正確であった。郊外電車に乗って七つ目の駅で降りて歩く。

苦労してケルン郊外のユースホステル Koln Riehlに着いた。立派なユースホステルだ。

地下一階地上七階建てのビルは、木々に囲まれ、第一印象はどこかの中央研究所のようである。

周辺は散歩道路、自転車道路が何キロメート

ルにわたってライン河に沿って作られ、自動車は進入できない。樹齢三〇～四〇年の木々が道路の両側に植えられ、小鳥がさえずり、ジョギングの人々、サイクリングを楽しむ人々、犬を連れて散歩する人たちがいる。ドイツ社会の豊かさの一端を垣間見た。

ユースホステルのベッドはやや固め、羽根布団に真っ白いカバーを被せるが、そのカバーはバッチリと糊がきき、同じく糊のきいた枕カバー、シーツは、すべて清潔で大きくしっかりしている。

朝食はビュッフェスタイル。四種類のパン、コーンフレーク、四種類のハム、サラミ、コーヒー、紅茶、四種類のティーバッグ、缶詰のフルーツ、二種類のチーズ、バター、各種ジャム、二種類のジュース。そして、「絶対に食物をこの食堂から持ち出してはいけない！」のただし書。一泊二八〇〇円、朝食付き。さすがドイツはユースホステル発祥の地。寝室、食事ともたいへん充実している。同室のドイツ人から聞いた話ではケルンは七〇％が第二次世界戦争中アメリカ軍の空爆で破壊されたところ。現在は、立派なビルが立ち並んでいる。

アイガー山が眼前に見えるスイス・山岳風のユースホステル

スイス・グリンデンワルトのユースホステルDie Weid。木造三階建て。晴れると部屋から真正面にアイガー北壁が眺められる。収容人員二〇名くらい。夕食は宿泊者全員揃って食事。食事も美味しい。家庭的な雰囲気である。

11　お金にまつわる出来事

両替の話（空港内両替所）――エジプト・カイロ

ＵＳドルからエジプト紙幣に両替した際、エジプト紙幣が規定の金額より少なかった。即座に申し入れ、規定の金額を受け取った。両替の際、後ろに並んでいる人に時間をとらせてしまうが、現地紙幣を受け取った直後、両替してくれた人の目前でレシート金額と現金が合致しているか否かをチェックする必要がある。

つり銭が少ない

ギリシャ・テッサロニキ：果物を買い、つり銭が足りない。直ぐ申し入れ不足額を受け取った。

スイス・氷河特急食堂車：食事を注文（二五フラン）、私は支払い時「一〇〇ですよ」（一〇〇スイス・フラン日本円に換算八千円）と言ってお金をアフリカ系ウエートレス（推定年齢五〇歳）へ渡した。

彼女からつり銭を受けとったが、ちょうど五〇フラン（約四千円）不足である。同じテーブルには日本の家族三人が同席していた。彼女はつり銭は不足していないという。いや、私は一〇〇フランを渡したと主張。そのやり取りを聞いていた日本人家族の息子さん（推定年齢二五歳）がウエートレス嬢に、「この方は間違いなく一〇〇フランを渡した」と話したら、彼女はやっと納得して五〇フラン戻した。

日本人青年の一言がなければ、彼女と私はもっとやりあっていたかもしれない。日本青年に感謝。概して、高額紙幣を出して、千円とか二千円相当の買い物をするときが要注意である。

ペルーのホテル支払い時「この紙幣は使えない」と言われたこともあった。

紙幣の左上部が少し切れてなくなっているお札で支払いをしたら、この紙幣は受け取れないとフロントの若い女性が言う。紙幣はペルー国内で受け取ったものである。日本国内では流通しても問題がない程度の切れである。以前、彼女は少し切れた紙幣を使用しようとしたら、断られたことがあったので、受け取りたくないのだそうだ。隣にいたホテルの別の女性社員が「私が問題の紙幣を代えてあげる」と言ってくれ助かった。

12　治安、盗難対策

一〇〇カ国もの国、場所へ行き一度も盗難、詐欺にあったことがないと日本に帰って来て話すと人は本当かと言う。幸いに一度も被害にあったことはない。海外旅行中、多数の日本人、外国人からここで、あそこで盗難にあった、スリにやられたという話を聞いてきた。

今、振り返って見ると最初に日本より治安の悪いメキシコに五カ月滞在し、スペイン語の勉強プラス盗難対策もいつの間にか身につけたのではないかと思う。

世界一〇〇カ国を旅し、各国の大都市、地方都市は比較的安全な地区と治安が悪いと言われる地区に分かれていることを知った。日本の大都市、地方都市の街中は世界の中では例外的に安全である。したがって初めて訪れた国の大都市、地方都市でどの地域は比較的安全で、どの地域は治安が悪いかの情報を早い時期に得ることが重要である。

では、どのようにしてその情報を得たらよいのであろうか?

通常はホテルの受付(フロント)に聞くと丁寧に教えてくれる。ただしこの質問をする際、ホテルフロントが忙しいときは避けたほうがよい。また情報はもし時間の余裕があれば二人以上から集めたほうがよい。

極端な例としては大通りを挟んで左側の地区は安全であるが、右側地域は(犯罪発生率が高いから)行かないほうがいいと教えてもらったこともある(ペルー・リマ)。ほかの国々もこれに似たところがたくさんある。

また、曜日によって治安が悪くなる日がある。土曜、日曜日に商店街が休みになり、勤め人の姿がほとんどいない日に外出するのは観光客にとっては危険である(南アフリカ・ケープタウン)。特に南アフリカは犯罪者がピストルを所持している。

昼間と夜間の犯罪率では夜間のほうが圧倒的に多い。

◆盗難対策6項目

1　初めて訪れた国の大都市、地方都市ではどの地区は比較的安全でどの地区は治安が悪いかをホテルのフロントなどで早い時期に情報を得ておく。

2　入国審査、税関審査が終了し、出迎えの人たちがまだ見えないところで、パスポート、航空券、財布などの貴重品はベルトより下の位置（たとえば腹巻）にしまっておく。もし近くにトイレがあれば、トイレを利用してもよい。空港に出迎えの人が来ている場合はその必要はない。もし入国審査近く――一般客の出入出来ない制限区域内――に両替所があれば多少レートが悪くても当日分だけでも両替をしておくことをお勧めする。

南ア・ケイプタウンの新聞より
女性の銀行員を人質にとり逃げる犯人
右手にピストルが見える

3　街中を歩くとき、前方、後方、左右の人をときどき眺め、不審そうな複数の人（グループ、スペインでは通常四、五人で一グループを構成）がいないかチェックする。ショーウインドーを眺めていても、ショーウインドーに映る人影をチェック。もし不審そうな人がいたら、店の中に入ってしまうか早足で歩くか、その人たちの後方につくかしたほうが良い。前方に不審そうな人を見たら、Uターンをする（私はメキシコ・シティでUターンをして事なきを得たことがある）。尾行されているように思ったら道路の反対側を歩く。

以上3項は積極的盗難対策である
以下の項目は通常の盗難対策

4　外国へ入国した瞬間から知らない人から日本語であれ、外国語であれ話しかけられても絶対にその話には耳を貸さず、「No thank you.」又は顔、手で「ノー」をなるべく穏やかに表現し、その場から早く立ち去るように努める。通常一〇〇メートル以上はついてこない。

5　ホテルではセーフティーボックスにパスポート、航空券、クレジットカード（予備用）、現金を預ける。有料であってもやむを得ない（私は有料のセーフティーボックスを何十回か使用した。高級ホテルはまず無料だと思うが定かではない）。
外出時はもう一枚のクレジットカードとそのとき使用する現金のみ持参する。

6　女性は高級な装身具、ハンドバッグは海外へは持っていかない。
ポシェット、首からかけるパスポートケースは明らかにそこにパスポート、貴重品が入っていることを示すのでこれらを用いることはお勧めしない。

■巻末付録

◆アマゾンツアー体験記

ブラジルのマナウスで一九九八年二月一二日から五泊六日のアマゾンツアーを申し込んだ。契約相手はアグィデュ・デュラダ（Aguid Dourada）という林美恵子さんがオーナーをしている旅行会社。林さんは、東京女子医大の医師をしていたが、ブラジルのアマゾン・マナウスに魅せられ、医者という職業、さらに恋人までふって、マナウスに移り住んで七年になる人物。日本で本が何冊か出版され、テレビにも出演されているので、ご存じの方も多いだろう。

五泊六日のツアー代金は一三万八千円（US一一四〇ドル）。決して安くはないが、大きな事故はないであろうと思い、決めた。

出発前日（二月一一日）の林さんと私の電話でのやりとり――

私「少し長旅なので、たとえば体調が非常に悪くなった場合には、早めにマナウスに帰ってきていいですか」

林「下痢をしたとかの場合ですか。下痢くらいだったら帰さないですよ。薬草を飲めば一日で治りますから。でもどうしてもという場合には、船頭の日当はお返しします」

出発日の一二日、林さんがホテルのフロントまで迎えに来てくれ、そこで契約料金を支払い、港まで一緒に行くことになった。実は、このホテルに六日後にまた戻ってくるので、私はホテルのフロントに下着類のクリーニングを何枚か頼んできた。

林　美恵子さん

林「ホテルにクリーニングを頼んだのですか。ホテルにクリーニングを頼んだって戻ってきたことがないのよ。ダメですよ！　私が洗濯しておきますから」

私「はー」

たいへんにはきはきした女性である。

港に向かう途中、ツアーで食べる酒のつまみを買う。その後彼女は衣類などを売っている店で足を止め、私にこのような半ズボンを一つ買ったらという。実は初めて林さんに会ったとき、じろっと私のズボンを見ていたが、たぶんそのとき、どうもセンスのない長ズボンをはいているおやじだなと思ったのであろう。約五五〇円で一つ半ズボンを買い早速はき替えた。

午前一一時に港へ到着した。八～一〇人乗りの屋根付きボート、ヤマハのエンジンを装備した船は時速四〇キロメートルくらい出せる。

ボートには船頭と助手の二人がすでに乗船し、私を待っていた。私もすぐに乗船した。この二人と私は、これから五泊六日の旅に出るのだ。

宿泊は民宿だと林さんから契約のときに聞いた。船頭が一緒の部屋に寝ることもあるとのこと。快晴、林さんはこんなによく晴れるのは珍しいという。

ボートはネグロ河（黒色）とソリモンエス河（茶色）の合流点へ向かった。途中左手に石油精油所が見える。合流点から一五〜一六キロメートルもの間、黒色と茶色の水は混じらずに下流へ流れていく。これがアマゾンだ。しかし小さなボートから見ていると、その規模の大きさが実感できない。ヘリコプターまたは軽飛行機で低空飛行して観るのがベストであろう。合流点では時折イルカが水面に現れる。ボートから記念写真を一枚撮る。ボートは向きを変え、イランドウーバーというところへ向かって進んだ。そこには粗末な水上レストランがあり、三人で昼食をとった。メニューはスパゲッティー、ぱさぱさしたご飯、ピラニアのフライ、パパイヤ、オレンジ、生野菜、それにカフェディニョー（cafedinho）というドロドロの濃いエスプレッソのようなコーヒーが小さなカップで出てきた。コーヒーが美味しい。

水上レストランに着く前に船内で三人でビール二本を飲んだ。ボートの中には五泊六日分の水、食料、アルコールが用意されていた。午後三時半、ボートは河の右岸で止まった。河岸を駆け上ったところが農家の一軒家。ここが今日の民宿だ。船頭と助手が夕食と朝食分の食料を民宿に運び上げた。その後、三人はボートでピラニア釣りに出かけた。私は三匹、船頭と助手はそれぞれ約一〇匹ずつ釣った。

夕方六時半頃ワニ狩りをしようとまたボートで出かけた。もう辺りは暗い。船頭が岸に近いところを懐中電燈で照らしてじっと見ている。一〇〜一五分も経過したであろうか、船頭は舟のへさきに腹ばいになり、素手でワニをつかみあげた。そしてそのワニを私に見せてくれる。体長五〇センチくらいだろうか。船頭はワニを河へ戻した。その後、再度船頭はワニ狩りに挑戦し、またうまく捕まえた。

今度は腹のところが少し食われている。ピラニアに噛まれたのだとの説明。このワニも河へ戻した。日が沈んだ河をボートは民宿へと進んだ。大きなホタルが飛び交っている。ボートの中でカイピリアという酒を三人で飲んだ。

夕食は持参した材料を奥さんが料理してくれていた。メニューは五泊六日の間、基本的に変わらず、スパゲッティー、ぱさぱさしたご飯、魚、鶏肉または牛肉と生野菜。朝食はパン、バター、スクランブル・エッグ、コーヒー、フルーツ。昼食は夕食とほぼ同じ。

夕食後の寝室は子供たちがテレビを観ている部屋だ。そこに三つハンモックを吊って寝た。私が横になったときには、子供たちはまだテレビを観ていた。

二日目はジャノアリという場所へ向かった。七時朝食、八時半船出。船頭は民宿からカボチャを二つもらってきた。

昼食は一日目と同じ水上レストランへ戻ってとった。昼食後、水上土産もの店へ行った。ここでは五メートルくらのワニを飼っていて、七~八歳位の子供たちがサルやナマケモノを抱いている。観光客が七、八名来ていた。

午後三時民宿へ到着した。水上の民宿である。今日は一人部屋にハンモックを吊って寝ることとなった。場所はネグロ河の支流。民宿には浴場もシャワーもない。夕方そのネグロ河で水浴した。外国の河で水浴は初体験である。岸辺では女性が洗濯をしている。テレビで観たガンジス河の映像を思い出す。ロウソクの灯で夕食をとった。

三日目は午前八時出発、アララへ向かう。九時頃からスコールになってきたので、ボートの左右、前方の下にもビニールを張る。ボートは時速三〇キロメートルで走る。風と雨で気温もぐっと低くなり、周囲の見通しも極端に悪くなってきた。途中、小さな船が助けを求めてきた。四歳の子供を我々のボートに乗せて走る。

午前一〇時半、雨はまだ止まず、傘をさして岸辺の民宿へ着いた。ここの民宿も貧しく、小さい台所兼食堂兼居間とほかに小部屋が二部屋ある。二〇〇年ほど前の奴隷小屋または馬小屋に近い。ボートに乗せた四歳の子供はここの老夫妻の孫であった。例によって、船頭と助手は食料を民宿に運びこむ。ここで昼食。奥さんが料理をしてくれる。

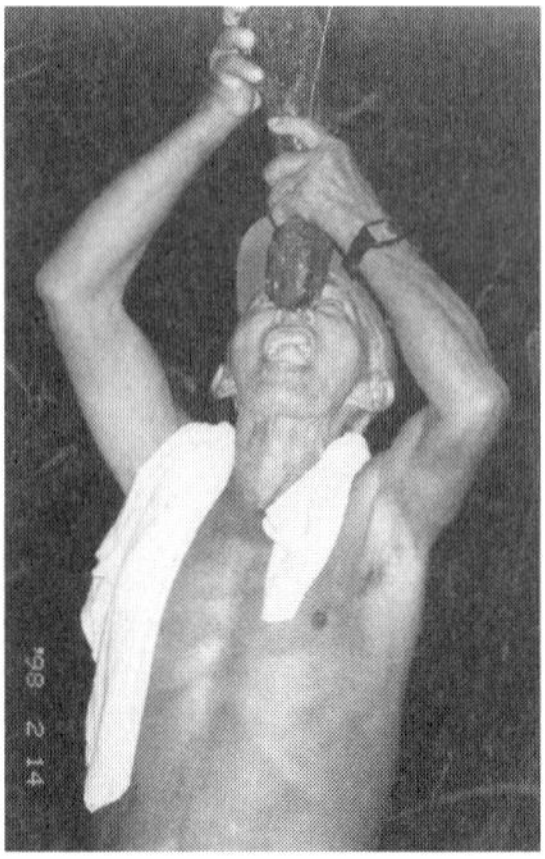

木を切ると水がたくさん出てくる
私もこのようにして水を飲んだ

午後二時、祖父（六五歳くらい）と私の二人でジャングルを一時間四〇分ほど歩き回った。薬となる木、水が飲める木、かぎたばこになる木、頭が痛い時嗅ぐ木、果物の木など合計八種類の木を教えてもらった。この辺には動物はあまり生息していないとの説明。木の皮を削った後、その皮を必ず元の木に戻している。たいへんよい習慣だ。

午後四時、ボートでアララの小さい滝へ行った。ここもネグロ河の支流の一つ。滝の上で水浴をした。

午後六時、民宿に戻る。午後七時夕食。寝室は祖父母の家の居間である。ハンモックを吊る。船頭と助

手前船頭のドゥガー（42歳）、後方助手のクラウディオ（23歳）

手は船の中で寝る。後で知ったのだが、船にはハンモックを一つしか積んでいなかったので、彼らは船の床で寝た。

四日目は七時朝食、家は貧しくても朝のコーヒーはとても美味しい。息子（三〇歳くらい）が五〇ヘアル、日本円で約五千円支払えと言う。林さんから、一回目のジャングル案内は支払う必要はないが、二回目以降は一五ヘアル、（約一五〇〇円）支払ってくれと言われていた。昨日は第一回目のジャングル歩きであるし、滝の近くの店でビールを注文したのはこの息子であったので、金はないと言って断わった。

午前九時半、クイエラへ向けボートで出発。快晴のなか、ネグロ河を上流へ進む。

幅広い河幅、左右には緑の木々が生い茂る。行き交う船も少なく、河の水と左右の森を眺めながら、ボートはどんどん上流へと進んでいく。中国の黄河、揚子江そしてナイル河など世界のほかの大河もこんなふうなのかなと思いつつ。

　河を進んでいると、民宿での嫌なことも忘れ、ひたすら自然の美しさを満喫し心が満たされる。こんなときが最も楽しく感じられる。

　一一時半、河岸の砂丘にボートを着け、船頭と助手は昼食の用意にとりかかる。助手が砂を掘る。周囲から枯れ木を集め、火を燃やす。ボートから燃料を持ってきてぱっとかけると薪はよく燃える。船頭はマナウスで買い込んだ大きな魚のうろこを取り、はらわたを出し、ボートのオールをまな板がわりに料理を作り始める。

　船頭は塩がないのに気づき民家へ塩を買いに出かける。私の役割はカイピリアのカクテルを作ること。レモンを切りビール瓶の底を使って絞り、カイピリアを注ぎ、氷を入れると出来上がり。火がよく燃えてきたところでご飯を炊く。三〇分ほどかかる。ご飯が炊けた後、魚を三匹焼く。一匹は昨日釣ったピラニア。カイピリアを飲みながら魚が焼けるのを待つ。たいへん楽しい時間だ。岸辺には小さい魚がいっぱい泳いでいる。午後一時半、ようやく三人で昼食。自然の中で時間をかけて味わう昼食。レストランよりはるかに素晴らしい。ついつい日本の歌を歌い始めてしまう。自然を求めてやって来たア

ボートのオールをまな板がわりに魚をさばく。

ネグロ河本流から少し左右に入るとボートは密林に入る

マゾン河。そしてそこでの野外昼食。今回のアマゾンツアーはこれで十分に満足することができた。

午後五時、深い入り江の高台に立ったたった一軒の民家に到着した。

ここが今日の民宿。午後七時夕食。祖父（六五歳くらい）と息子（三五歳くらい）が我々と一緒に食事をした。

どこの民宿でも男たちが私たちの食事に付き合い、奥さんはその後である。私たちが私たちの持参した食料を祖父も息子も美味しそうに食べる。貧農の家庭のつつましい生活である。かわいそうであり、悲しくもあり、楽しい食事とはいえない。居間兼食堂となっている部屋にハンモックを吊って私が寝ることになった。河に面した開口部にもまた反対側にも戸がない。つまり屋根はあるけれども外との遮断がない。星空がきれいだ。南十字星を見た。

翌朝食後、荷物を民宿に置いて魚釣りに出かけた。入り江からさらに奥へ入る。河幅は狭いが延々と迷路のようになって続く。

船頭と助手が交互に私の釣りのセットをしてくれる。釣糸を三〇メートルほど流す比較的大がかりなものだ。引きがある。釣糸をどんどん手繰ると、トクナレという長さ三〇センチくらいのが、かかっている。トクナレは大きいのだと八〇センチから一メートル、サケくらいの大きさになる。とても美味しい魚だ。

船頭は客がうまく釣れるように餌をセットする術をよく知っている。彼はマナウスのような都会が嫌いでアマゾン河が大好きである。昼食には釣ったトクナレとピラニアを民宿で食べた。

食後に再びネグロ河支流を行く。途中、子鹿が水辺で水を飲んでいるのを見る。また色あでやかな蝶が飛んでいる。鷹、小さい猿そして水鳥が悠々と生活している。船頭が今日はジャングルでキャンプしようと言った。実は五泊目は四泊目と同じ家に泊まる予定だったようだが、私があまりいい顔をしなかったので、彼が気を利かしたのであった。夕方五時頃やっといい場所を見つけると、船頭と助手はハンモックを吊るすしっかりした木を二本みつけた。四〇分くらいかかり私用のハンモックが完成した。あとの二つはどうするのかと聞くと、彼らはハンモックの下の地面に寝るという。ジャングルには動物がいて腹をすかしているので、危険な場合もあるという。彼らに申し訳ないなと思った。さてまた夕食作りが始まった。今晩は鶏肉の大きいのを一羽。そこにカヌー

釣った魚　名前はトクナレ

船頭ドウガーは暑くなるとアマゾン河の水を頭からかける

で先住民のインディオが一人やって来た。船頭がカイピリアをふるまいたいというので私はまたカイピリア作りをした。

助手は薪を集める。日が暮れて、たき火が勢いよく燃えだし、大きな鶏肉を焼き始めた。バーベキューだ。いったん帰ったインディオが、今度は奥さんを連れてやって来た。その奥さんは話し始めたら話が止まらない。外の人に会ったのが久しぶりなのだろう。一時間くらいしゃべり続けている。この二人は鶏肉がほしくて、ほしくてたまらない様子だ。さてカイピリア酒を飲みながら、鶏肉をまず私がとり、船頭と助手も食べ始めた。インディオはジーッと私たちが食べるのを見ている。しかしその間も奥さんはしゃべりつづけている。船頭が残りの鶏肉を夫婦にどうぞと勧めた。二人はそれをきれいに平らげた。

九時過ぎ、ジャングルでハンモックに横たわり星を眺めながら、ツアー最後の夜だなと思った。うつらうつら寝ていたら雨だ。船に移動しようということになり、船の中にハンモックを吊り、船頭と助手は船底に寝た。素晴らしい夜だった。夜中、何の動物かわからないが、昨日の鶏の骨をカリカリ食べている音が聞こえた。

六日目は午前一〇時に出発し、時速四〇キロメートルの速さで一路マナウスへ向かって走り続けた。午後四時二〇分、マナウス港へ到着。五泊六日のツアーは無事終了した。

六日間、毎日毎日アマゾン河を眺めながらの旅である。魚釣を三日間。開高健の何十分の一かは同じような経験ができ、満足感がこみ上げてきた。

◆アフリカ・ナミビア砂漠ツアー

二〇〇二年三月六日から一四日までアフリカ大陸西南のナミビアへ旅行した。

ナミブ砂漠へのツアー（イギリス人夫妻と合流して）に参加するのに待機期間が四日間あった。六日から八日まで二日間はナミビアの西海岸スワコプムンドに滞在、その後首都ウィントフックに移動し、九日、一〇日と二日間滞在し、翌一一日からハイライトのナミブ砂漠への二泊三日のツアーへの参加である。何とナミブ砂漠へは「はるか遠い旅路」である。こんなことができるのも定年退職し、自由な日がとれるからである。そしてこれが一人旅の醍醐味だ。

大西洋沿岸スワコプムンドの街は一八八四年から一九一八年までドイツ保護領地となっていた。その当時建てられた木造のドイツ風建物が今でも約四〇〇メートル四方に固まってある。私の宿泊した

真ん中より下の部分は水溜り（2日前に降った雨）に砂丘が写る

ホテルは一九〇四年の建築であった。

観光客もドイツ人が多い。小さい街ではあるが、ドイツ語が通じ、ドイツ料理がレストランで食べられる。アフリカでドイツ風の都市が残っているのには驚いた。

ホテルから南アのクラウン・トラベル旅行社のマリ・アンへ「旅は順調に進んでいる。ナビブ砂漠への旅行スケジュールを作成してもらい感謝している」旨のファクスを入れた。

後日聞いた話では私のファクスを受け取ったマリ・アンは日本のアクティブ・ツアーズへ素早く私からのファクスが届いたことを知らせたとのこと。

お礼は早ければ早いほど効果があることを再認識した。

スワコプムンドの牡蠣《かき》

ナミビア大西洋沿岸の海水は海流の影響で冷たい。

木の枝に作った大きな鳥の巣　ナミブ砂漠へ向かう途中

この冷たい海水を利用し、大西洋沿岸に面した都市スワコプムンドでは「かきの養殖」をしている。養殖棚の上部部分が二メートル位海上に出ている。かき養殖棚は海中深いところまで降りている。六〇万個のかき養殖をしているそうだ。

砂漠の国ナミビアで美味しい「かき」を堪能した。大型の生かき六個で四四二円だった。

ナビブ砂漠への長いアプローチ

首都ウィントフックへ

スワコプムンドから首都ウィントフックまで内陸へ四〇〇キロメートルの距離がある。移動日の九日は飛行機がフライトしない日だったため、車で移動した。車のチャーター費は一万四五〇〇円（US一二〇ドル）。

当日、早めにホテルの外へ出て、車を待っていた。広い道路を一〇歳くらいの女の子が裸足で横断し

朝日に輝くアプリコット色の砂漠45度

ているのを見た。顔は西欧人である。髪の毛も茶色。その後一〇分くらいして車が到着した。少し前に見たその女の子が車の中にいる。男性ドライバーの顔は西欧系である。ほかに彼の奥さんと三歳くらいの男の子も乗車している。この一家と一緒に首都ウィントフックまでドライブだ。スワコプムンドを二キロメートルも車で走ると半砂漠地帯。日中の温度はかなり暑い。道路の両側はずっとワイヤーの柵がしてある。道路に動物が飛び出さないためだ。単調な道が続く。途中のガソリンスタンドで小休憩をとった。ドライバーが私にコカ・コーラをご馳走してくれた。彼らはドイツ系のナミビア人か？　どこの出身かは聞かなかった。一家は経済的にはあまり恵まれているようには見受けなかった。

スワコプムンドを出発してから四〇分は半砂漠地帯、その後は草原で畑はない。

車は時速一〇〇キロメートルから一三〇キロメートルで走る。四時間弱で首都ウィントフックに無事到着した。宿泊するホテルはウィントフックの中心街にあった。

アプリコット色のナミブ砂漠45度　真ん中にいる人は私

ナビブ砂漠の玄関ロセスリウムへ

三月九日朝ウィントフックのホテルのロビーで待っていると元気そうなドライバー兼ガイドが迎えに来てくれた。彼と今日から三日間行動をともにすることになる。他のホテルに立ち寄り、客のイギリス人夫妻を乗せ、ナミブ砂漠ツアーへ出発した。

彼はベテランガイドである。途中見たい箇所があると、車を止め、説明をしてくれる。前日の大雨で土の道路は大きな水溜りが出来ている箇所が二カ所あった。車を止め、ドライバーはズボンを腰まで上げて、水の深さを測る。六〇センチ以上水が溜まっている。車が通過するには難しい。水溜りの浅そうなところを探すがなかなかない。四〇分くらい水が引くのを待った。もう一箇所のところは同じようにして三〇分くらい水が引くのを待ち、やっと通過した。次に水溜りがあったら、

アプリコット色の砂漠「砂丘45度」に朝日が輝いている（朝7時半撮影）

今度は松本がズボンの裾を上げてやってくれと言われる。

夕方セスリウムの小ホテルに到着した。質素なホテルであるが、受け付けは若い白人の男性で、たいへん気持ちよく客をもてなす。行動は素早く笑顔での応対だ。砂漠のど真ん中の一軒宿。収容客は四〇名くらいか。ここまで水を運んでくるのはたいへんだ。

夕食は午後七時半からで食堂は屋外である。外は暗く、電灯が所々に上から下がっているが、少し離れたテーブルにいる人の顔はよくわからない。客はおよそ四〇人程度。ヨーロッパ系の人たちだ。イギリス人夫妻、ガイドと私の四人一緒にテーブルについた。ナミビアのワインを傾けつつ、食事をしながら懇談した。ナミビア・ワインのこと、アフリカの統一はできないか、香港が中国へ返還されたことなどなど四人で話が弾んだ。イギリス人夫妻はたいへ

ソススフレイ砂丘

ん温厚な人柄だ。

夕食後屋外で客の何人かが空を見上げている。私も空を見上げた。星の数が多い。こんなにたくさんの星を見るのは初めてである。満天の星、しかも星が通常見るよりもぐんと近くに見える。星たちと我々があたかも仲間のようだ。このように感じたのは生まれて初めてである。快晴、砂漠の平坦な土地、砂漠の一軒宿を除いて周囲に遮る障害物はまったくない。星を眺めるには最高の場所である。妻に見せてあげたいなあと思う。いろいろな星座が見えるが、南半球の星座で名前を知っているのは南十字星とケンタウルス座だけである。南十字星をオーストラリア、ブラジルでも見たが、アフリカ・ナミビアから見る南十字星は実にくっきりと見える。夜空を見上げ、星を眺めていると飽きない。

翌日は朝五時三〇分出発である。五時に食堂に集まり、コーヒーか紅茶を飲んで砂漠のハイライト「ソス

ソススフレイ砂漠

スフレイ砂丘」へ行く予定である。早寝をしなければならない。

ナビブ砂漠のハイライト「ソススフレイ砂丘」へ

二日目は朝五時起床。五時三〇分四輪駆動車に乗り換え、ほかの客も加わり、合計九名で出発した。

五時三〇分、外はまだ真っ暗だ。六時一五分くらいから空が少し明るくなってきた。今日は快晴だ。二日前に降った雨で窪地に水溜りがある。その水溜りの水面に近くの砂丘が映る。美しい。

七時過ぎアプリコット色の「Dune45」日本語に訳すと「砂丘45度」と言われる砂丘へ到着した。

朝日がその砂丘の山の一片を照らし始めると、アプリコット色に輝く四五度の角度で構成されている砂丘が美しい。カメラのシャッターを切る。この45度の砂を頂上まで登る。手に砂丘を拾い、握り締めたら、ガイドが「手を怪我するから止めなさい」と言う。砂の粒子は細かくガラスの破片のように鋭い。この細かいアプリコット色の砂丘は世界最古と言われている。

その後、車でさらに砂漠地帯を走る。一一時、砂漠のハイライト

「ソススフレイ砂丘」が目の前に見えてきた。ここで車を降りる。

ソススフレイ砂丘を途中まで登ったが、たいへんに暑い。私は頂上まで行かなかった。ただ、昼食中もソススフレイ砂丘を眺めていた。旅を続けて三週間、疲れが出てきた。

ソススフレイ砂丘は前述の「Dune45」に比較して砂丘の規模が大きい。高さが三百五十メートルある。砂丘の色は同じアプリコット色である。

三日目はセスリウムのホテルから首都ウィントフックまでイギリス人夫妻と一緒に所々で車を止めて風景を眺めながら戻ってきた。ドライバーに別れ際チップを渡す。

帰国のとき、ヨハネスブルクから香港行きの飛行機に乗り、アフリカ大陸を離れ、一～二時間過ぎた頃、機上から下界を見るとマダガスカルの上空だ。大きな岩山が所々に見えた。

マダガスカルへの国際線がフライトしなかったため、ナミビアへの旅行ができたわけだ。

日本からはナミブ砂漠まではたいへん遠いが、興味ある方々にはお勧めの観光地である。ちなみにモンゴルの大草原でも星空を見たが、夜晴れる確率は砂漠のほうが高い。

◆パナマ運河縦断——太平洋から大西洋へ

一九九七年九月二七日（土曜日）念願のパナマ運河一日クルージング——太平洋側からカリブ海（大西洋側）——に乗船した。このクルージングは奇数月の最終土曜日のみ（一年にわずか六日のみ）運行する。二〇年くらい前からの夢がやっとかなえられた。

パナマ運河・水門の鉄扉

朝七時三〇分、船はパナマ太平洋側のドック・バルボア港を出港し、カリブ海のコロン港に着いたのは一九時であった。コロン港からパナマ市内へはバスが仕立てられ帰ってきた。

太平洋側とカリブ海の水面は同じ。まず運河を通るには三つの水門を上がる。一回水門を上がる毎に約九メートル上昇する。合計で二五八メートル上昇、その後、水平に運河は作られ二つの湖・ミラフローレス湖・ガツン湖を上手に利用している。カリブ海へ降りるときは水門を三回下がる。一回目の水門を下がる少し手前まで船が進むと、船の甲板から真正面、下の方にカリブ海が見えてくる。広い海を見下ろすのは素晴らしい眺めだ。太平洋側運河の入り口からカリブ海側運河入り口までの直線距離は六八・五キロメートル。この間船が通行に要する時間は約九時間。水門を閉じ、電気で水をポンプアップし、船を上昇させ、今度は反対側の水門を開け、船が航行していく。船の一艘、一艘がこの水門に入り、門を閉じ、水をポンプアップする工程を繰り返す。したがってかなりの時間を要する。今から九〇年前に完成したパナマ運河

パナマ運河水門に入った
クルーズ観光船

—水門の鉄扉、ポンプアップで水を増減させていく技術には感激した。

運河から眺める両岸は熱帯地方の風景である。運河の水に透明度はないが、ゴミというものが全く落ちていない。よく掃除が行き届いている。船内には食堂はないが売店はある。当日の観光客はパナマ人が多かった。この日の乗船客は七〇名くらい。運河の中を通過しているためか、それほどの暑さはない。船の先端にいると、すぐ前方を貨物船が進んで行くのが見える。この運河工事に携わった作業者たちは暑さ、黄熱病、マラリアなどにかかりたいへんな苦労をしたそうだ。

◆お勧めの列車の旅

一、カナダ・ロッキーマウンテニア号

乗車した区間はバンクーバーからバンフまで。

カナダ・ロッキーマウンテニア号の乗車券は日本で購入した。

二〇〇二年一〇月八日から九日にかけて一泊二日鉄道の旅をした。

チケットの確認と駅の下見

ロッキーマウンテニア号は基点のバンクーバー駅を朝七時に出発する。

前日、バンクーバー駅を下見し、駅二階のロッキーマウンテニア経営の事務所に寄り、日本の旅行会社で購入した「ロッキーマウンテニア号のバウチャー」を示し、明日の乗車を確認した。私の示したバウチャーを二人の人が見たうえ、女性の事務員は「この券のままでは乗車はできない」と言う。このバウチャーを乗車券に替えなければならない。

今日は替えられないので明日の朝再度来て替える手続きをするようにとのこと。事務所は朝六時から開いている。外国（今回の場合は日本）でチケットを購入すると少しややこしいことがたまにある。前日に来て、チケットの確認と駅の下見をしておいてよかった。

翌朝六時少し過ぎにバンクーバー駅二階のロッキーマウンテニア経営の事務所へ行き、乗車券に替えた。

六時二五分頃改札口少し手前に「ロッキーマウンテニア号」乗車の大きい看板が立った。乗客の集まりは少ない。改札口の左にも看板が立てられた。こちらは一等乗客の乗り場。

一等乗客の人たちをウオッチング

駅前にはタクシーが次々と停車し、人が降りてくる。

改札までには時間があるので、一等乗客の乗り場の列を眺めた。いかにもお金持ちそうな夫婦たち

カナダ・バンクーバーからバンフへ

が並んでいる。特にご婦人方が着飾ってい
る。四〇歳代くらいの夫婦、友人同士もい
るが、概して年配の人たち（推定年齢七〇
歳代）が多い。日本人も数人見かけた。

七時近くロッキーマウンテニア社の男性たちと女性たち合計一〇人が二列に並んだ。何をするのだろうかと眺めていると楽器を使い「ブブー」と音を鳴らした。汽笛一斉列車が走るのだ！

いよいよ改札が始まる。終着駅まで一泊二日、大きい荷物は貨車へ預かりとなる。私は二等へ乗車した。

バンクーバーからバンフまでフレザー河に沿って鉄道は走る。周囲の木々は針葉樹と広葉樹が入り混じっている。広葉樹は真黄色に紅葉している。朝七時三〇分に列車はバンクーバーを発車したが、少し走った

カナダ　ロッキーマウンテニア号の絵ハガキ

ところで止り本格的に列車が走り出したのは九時からだった。フレザー河は進行方向左側に見えていたが、列車は左右に曲がるのでフレザー河も車窓の左右から見える。

フレザー河の色はややねずみ色、岩の色は真黒。

列車が進むに従ってフレザー河の上流へ行く。線路に沿って崖がすぐ近くまで迫ってくる。途中所々に墓標がある。鉄道関係の工事で殉職された方々の墓標である。

渓谷を通る。線路際の電柱が何本も積雪のため、斜めになっている。河の色が茶色だったのが、少し青に変わってきた。

一四時三〇分半沙漠地帯を通過した。不思議とこの場所は晴天である。河の色が青色なってきた。半沙漠地帯にはウサギ、キツネ、ネズミが棲んでいる。河に水を飲みに来たのか鮭を採りに来たのか河原にいる熊を一頭見た。その後少し小型の紅鮭がいっぱい泳いで

フレザー河上流

いるのを見た。

一車両に一人ずつガイドが付き見所を説明し、朝、昼の食事が出る。飛行機の機内食と同じで二等はエコノミークラスの食事である。

翌朝七時にバスが小ホテル（Inn）に迎えに来ることになっていた。ところが定刻を過ぎてもバスは来ない。七時二五分くらいになり、バスの迎えは九時頃になるので、小ホテルの前にあるデニーズで朝食をしてくださいとのことである。支払いはロッキーマウンテニア社がする。列車の朝食よりデニーズの朝食のほうが美味しかった。遅れの理由は線路にひびが入っていたとか。結局バンフには二時間五〇分遅れで到着した。乗客は五六一名である。

追記
ガイドが同じ車両に乗っていた乗客全員に私の

半沙漠の場所

世界旅行のことを紹介してくれた。
　バンフに到着する三時間前にガイドは乗客全員にアンケートを配り、その後そのアンケートを回収した。回収に際し、各乗客のところでゆっくりガイドが話をしていることには気がついていたが、まさか私が世界旅行をしていることを乗客全員に話しているのは知らなかった。ガイドが話し終えると、私の席に何人もの人が来て、「世界旅行をしているなど知らなかった。失礼した」とか、祝福の言葉といろいろの質問攻めにあった。乗客は各国からであるが、東洋人は少なかった。

費用　鉄道運賃　バンクーバーからバンフ　二等
六万三〇〇〇円
（当日の朝食、昼食、翌日の朝食、昼食および茶代を含む）

カムループス宿泊一人部屋追加料金　六五〇〇円
列車手配手数料　三〇〇〇円
以上合計　七万二五〇〇円

一等車と二等車の差——一等は展望車、二等は通常の客車
食事にも差がある。飛行機のビジネスクラスとエコノミークラスに食事の差があるのと同じ。
ホテルに一等乗客は四星ホテル、二等乗客は小ホテル（Inn）である
日本から短期間で往復でき、昼間のみ乗車、夜はホテルへ泊まる。車窓の眺めは良く、お勧めの列車の旅だ。

二、オーストラリア大陸横断鉄道—インディアン・パシフィック号

乗車した区間はパース・アデレード間である。
時期　一九九七年一一月一四—一七日　二泊三日間
ホリデイ・クラス（二等車相当）。私の寝台車は二人部屋であった。相手の男性はフランス人。彼は自動車教習所の教官で、レンタカーを借り、かなりの距離をドライブしてきた。好青年である。彼と朝昼晩一緒に食堂車へ行く。
ホリデイ・クラスの車室は清潔、コンパクトにできているが、随所に工夫がなされ、快適である。夜、食堂車に行って食事を済ませ、車室へ帰ってくるとちゃんと、ベッド・メイキング（寝台の用意）

オーストラリア大陸横断鉄道—インディアン・パシフィック号内

ができている。寝台も快適である。

　ホリデイ・クラスは寝台車（シャワー、洗面所、トイレ付き）、食堂車、展望車の三両から構成されている。シャワー室もコンパクトにできており、清潔である。展望車にはコーヒー、紅茶のパックが用意されており、何杯飲んでも無料である。ファーストクラス、エコノミークラスの車両へは行き来できない。

　食堂のメニューはあまり多くはないが味はよい。量は多くはない。食事の価格はアルコールを飲まなければ、昼、夜はだいたい一二〇〇円から一三〇〇円くらいである。

　団体客は乗り合わせていなかったので食堂車はいつも静かであった。

　いつ車窓から眺めても牧草地、放牛、放馬、放羊の風景である。

ノルウエー・ソグネフィヨルド風景

寝台に横になり、夜空を見ると月が満月に近く、眠りに就くまで三〇分以上月を眺めていた。

インディアン・パシフィック号乗務係員はすべて感じのよい人たちであった。

その他お勧めの列車の旅

ノルウエー・フロム鉄道　オスロ・ベルゲン間の途中ミュールダール駅から北のフロム駅まで二〇キロメートルを走るフロム鉄道、標高差八六四メートルから標高ゼロメートルまで下る。

滝が流れ、左右に美しい渓谷が見える。その後フェリー、バスを乗り継いでの「ソグネフィヨルド」もまたたいへん美しい景色の連続である。

4．宿泊場所

1．いちばん多く泊まったホテルは、2星または3星クラス、約40～80USドル
2．ユースホステル、約10～32USドル；19カ国のユースホステルを利用（主にヨーロッパ、32USドルはロンドン）
3．民宿およびアパート、15～56USドル（56USドルはイギリスのB&B）
4．４星ホテル、約80USドル以上、6年間でおよそ30泊
5．星のないホテルもときどき宿泊、最低7USドルから

1．予算と実績

	滞在日数	経費(千円)	航空運賃(千円)	雑費(千円)	合計(千円)
目 標	300	3,000	1,000		
1997	274	2,211	640		2,851
1998	154	1,187	1,410		2,597
1999	203	1,957	617		2,574
2000	195	2,132	740		2,872
2001	75	942	755		1,697
2002	108	1,439	1,069		2,508
合 計	1,009	9,868	5,231	500	15,599

注）1．準備としてメキシコで160日間語学留学をしましたが、98万円かかりました。
2．雑費は、日本で準備に要した通信費、旅行ガイドブック購入代、写真代、ビザ申請費、空港への交通費などです。
3．滞在日数は、日本発着日を含みます。
4．USドルは121円で換算しました。

2．旅行鞄とその中身および身につけているもの

1．リュックサック（縦50cm、横35cm）約50リットルのもの

2．中身

地球の歩き方、ロンリー・プラネット（英文旅行ガイドブック）ファクス用紙、ズボンスペア、パスポート、航空券、クレジットカードの各コピー、眼鏡のスペアー、小さいリュックサック、衣類、薬品、フィルム、洗面具、カメラ、ゴムスリッパ、ミネラルウォーター、軽い登山靴、折り畳み傘

3．身につけているもの

バンドは裏がチャックになっていて、お金を入れられるもの

靴敷き　中にお金が入れられるもの

腹巻き　スマートなもので、通常パスポート、航空券、クレジットカードを入れている

中東（8）
アラブ首長国連邦、オマーン国、イエメン共和国、
シリア・アラブ共和国、ヨルダンハシミテ王国、レバノン共和国
（以上1998年）
キプロス共和国、イスラエル国（以上1999年）
アフリカ（8）
エジプト・アラブ共和国、ガーナ共和国、コートジボワール共和国
（以上1998年）
チュニジア共和国、モロッコ王国（以上2000年）
南アフリカ共和国、ジンバブエ共和国、ナミビア共和国
（以上2002年）
アジア（15）
中華人民共和国（1999年）
インド、ネパール王国、タイ王国、ベトナム社会主義共和国、
ラオス人民共和国、ミャンマー連邦、カンボジア王国、マレーシア、
インドネシア共和国、ブルネイ・ダルサラーム国、
シンガポール共和国（以上2000年）
大韓民国、モンゴル国、トルコ共和国（以上2002年）
オセアニア（7）
オーストラリア（1997年）
ニュージーランド、パプアニューギニア、フィジー共和国
トンガ王国（以上2001年）、
マーシャル諸島共和国、キリバス共和国（以上2002年）
ＣＩＳ諸国（5）
ロシア連邦（2001年）
ウクライナ、カザフスタン共和国、キルギス共和国、
ウズベキスタン共和国（以上2002年）

旅行した国

北米（3）

アメリカ合衆国、メキシコ合衆国（以上1997年）カナダ（2002年）

中米（3）

グアテマラ共和国、コスタリカ共和国、パナマ共和国（以上1997年）

カリブ（9）

ドミニカ共和国、セントクリストファー・ネイビス、
アンチグア・バーブータ、セントルシア、バルバドス、
セントビンセント、トリニダード・トバゴ共和国（以上2001年）
ジャマイカ、キューバ共和国（以上2002年）

南米（10）

エクアドル共和国（1997年）
ブラジル連邦共和国、パラグアイ共和国、ウルグアイ東方共和国、
アルゼンチン共和国、チリ共和国、ボリビア共和国、ペルー共和国
（以上1998年）
ベネズエラ共和国、ガイアナ協同共和国（以上2001年）

ヨーロッパ（32）

イタリア共和国、バチカン市国、サンマリノ共和国、
リヒテンシュタイン公国、ドイツ連邦共和国、ルクセンブルク大公国、
ベルギー王国、オランダ王国、スイス連邦、デンマーク王国、
スウェーデン王国、ノルウェー王国、フィンランド共和国、
エストニア共和国、ラトビア共和国、リトアニア共和国、
ポーランド共和国、チェコ共和国、スロバキア共和国、
オーストリア共和国、ハンガリー共和国、ルーマニア、
ブルガリア共和国、ギリシャ共和国（以上1999年）
イギリス、アイルランド、アイスランド共和国、フランス共和国、
モナコ公国、アンドラ公国、スペイン、ポルトガル共和国
（以上2000年）

5．ヨーロッパのルートの説明

移動は主に鉄道を使った。

1999年（平成11年）イタリアへ行き１カ月かけて回りその後北上しリヒテンシュタイン、ドイツ、スイス、ベネルックス３国、北欧４カ国、バルト３国を回り東欧へ。オーストリア、スイスを往復し東欧各国を南下し８月にギリシャへ。その後キプロス、イスラエルをまわり再度ローマへ戻りパリ経由で帰国。

2000年（平成12年）は６月イギリスからスタートしアイルランド、アイスランド、フランス、モナコ、アンドラ（フランスとスペインとの間にある小国）、スペイン、チュニジア、モロッコ、ポルトガルを回り帰国。

6．2001年（平成13年）

2月からシアトル、マイアミ経由で南米のベネズエラ、カリブ海のトリニダート・ドバゴ、バルバドス、ドミニカ共和国などを回りマイアミ、サンフランシスコ経由3月に帰国。40日間。

３月下旬からロシアへグループ旅行4月帰国10日間。

５月からオセアニアへフィジーを拠点にパプアニューギニア、トンガ、ニュージーランドを旅し６月に帰国。30日間。

7．2002年（平成14年）最終年度

１月　韓国　3日間グループ旅行。

２月からアフリカへ　ジンバブエ、南アフリカ、ナミビアの３カ国、25日間。

６月　モンゴルへ　８日間。

７月からトルコ、ウクライナ、オランダへ　25日間。

９月からカザフスタン、キルギス、ウズベキスタン10日間グループ旅行。

10月　カナダ、ジャマイカ、キューバへ　３週間。

11月　オセアニアへ　マーシャル諸島、キリバスへ　２週間。

年度別旅行ルート・1997年～2002年

1．1997年（平成９年）

２月からメキシコへ　その後８月より南下しコスタリカへ、９月からパナマ、エクアドル、ガラパゴス諸島往復、その後北上し再度パナマ、ガアテマラ、メキシコシティ、サンフランシスコと回り10月に帰国。８カ月間の海外滞在。

２週間後の10月下旬からオーストラリアを１カ月旅し帰国。

2．1998年（平成10年）

２月から南米へ　ブラジルに3週間その後南へパラグアイ、ウルグアイ、アルゼンチンへ　アルゼンチンからバスでアンデス山脈を越えチリのサンチャゴへ、イースター島往復その後北へボリビア、ペルーを旅し４月末帰国。70日間。

6月ハワイ、7月台湾。

７月下旬からエジプト、ガーナ、コートジボアールへ。8月帰国。１カ月間。

10月から中東へ

シンガポールを経由してオーマン、イエメン、レバノン、シリア、ヨルダン、アラブ首長国連邦、タイを旅し11月帰国。40日間。

3．1999年（平成11年）

３月からヨーロッパを旅し９月に帰国、６カ月間。１カ月後の10月中旬から中国へ　北京、西安、桂林、広州、香港、マカオを回り帰国。３週間。

4．2000年（平成12年）

1．２月からアジアへ　シンガポール、インドはゴア、ボンベイ、ニューデリーを回りネパールへ　その後タイのバンコクを拠点としてミャンマー、ラオス、ヴェトナム、カンボジア、の４カ国をバンコックとの間で往復しその後マレーシア、シンガポール、ブルネイ、インドネシアと回り４月に帰国。70日間。

2．６月からヨーロッパへ前年行かなかった国を旅し10月に帰国、４カ月間。

あとがき

新聞情報であるが、アメリカ人と日本人とにアンケートをとった結果によると「定年退職後を楽しみにしている人々の割合はアメリカでは五九%であるのに対し日本は三〇%である」(二〇〇四年四月二五日付東京新聞)

ヨーロッパの国々の人々も退職後を楽しみにしている割合は日本人より多い。日本人も欧米人並にリタイア後の人生をもっと楽しみにして良いのではないだろうか。

そこで、旅である。旅は魅力的である。

国内、海外を問わず旅行によって今まで知らなかったことを知り、六〇歳を超えても旅行するたびに新しい発見、経験、感動が得られる。3章で紹介した「世界各国触れ合いの挨拶」についてのように、今後の研究課題のたのしみもできる。

退職後は、時間はたっぷりある。ただ家にいると妻に煙たがられる。一人で旅にでて、時には妻にも旅行に参加してもらうというのが、夫婦円満の秘訣ではなかろうか。

旅先で気に入った場所と予算にマッチしたホテルがあればさらに何日か延泊すると本当の旅の満足感が得られる。これが、時間が自由になる私のような旅行者の贅沢である。

リュックサック一つを背負って、未知の国へ一人旅する心境は日常では味わえない緊張感に満ちている。スリルもありおもしろく、かつ身軽であり、お金を持っているようには見えないところが良い。

ただ、政情不安な国、治安が良くない国には私的旅行は避けた方が無難である。私も南米コロンビアへは日本で航空券を購入していたが、南米チリで得た「コロンビア治安情勢」から危険が多いと判断し行くことを諦めた。航空券代十万円をフイにしたのは痛かったが。

ホテルは主として三星クラスに宿泊した。英語圏、スペイン語圏以外の国々―例えばアラビア語圏、中国―を旅行する時はホテル受付に英語を話す人がいるホテルを予約して宿泊した。受付に英語を話す人がいるホテルはおおよそ三星クラスになる。

どこの国を旅行してもホテル受付の人たち（以下フロントと略す）と会話をし、市内観光・小旅行の手配、レストランの安くて美味しいところ、その他種々の情報を得た。規模の小さいホテルの方がフロントと長時間会話ができる。小ホテルに宿泊し、その後小旅行に出かけ、再び同じホテルへ戻り宿泊手続きをすると、フロントは笑顔で迎えてくれる。これは国境を越え世界各国共通である。以前と同じ料金でもよりよい部屋に案内してくれたりする。旅の楽しみの一つである。

スペイン、ポルトガルはユースホステルに宿泊しなくても比較的安いホテルを探すことが出来た。

一つの国から、さらに近隣の国へ旅行するとき事前にその近隣の国の治安情報、その他の情報もなるべく得るよう心がけていた。日本で得る治安情報より沢山の情報が得られた。情報は食事をしながらレストランのカウンターで、旅先の旅行会社で、出会った在留邦人や、旅行者から得た。

旅行をしていると月日の経つのが早い。

振り返ってみると六〇歳から六六歳までの六年間があっという間に過ぎ去っていった。

一方、旅行とは結構疲れるものでもある。

六〇歳を超えてから「年間三〇〇日旅の空」の目標をたてたが、かなり厳しかった。一回の連続旅行期間は一八〇日間が自分の限界である。

本を刊行するまでには次の経緯があった。

1　メキシコへスペイン語留学中、妻との間でファクス・手紙を互いに送信し、多量のファクス記録が残った。

その後世界各国を旅行し、どこに宿泊しているかは妻に知らせておく必要があり、ホテル名・ファクス番号・何処から移動して当地に来たか、当地に何日滞在しその後何処へ向かうか、またその時何を見、何を感じたかをファクスで送信した。

これらの記録を二〇〇三（平成一五）年、家族の記録としてすべてワープロに入力した。その他手帳に記録したものも同じくワープロに入力した。

2　古河電工を定年退職した人達の「あかがね倶楽部」という会があり（相互の親睦・現役幹部との

交流を図る目的—場所・東京目黒区・東山）ＯＢの憩いの場になっている。

当倶楽部では定期的に講演会・懇親会・趣味・娯楽の活動が行われている。講演会では各界の著名人を招いてお話を聞くことになっている。

私は一応目標としていた一〇〇カ国訪問を達成したころ「世界旅行」の話を当講演会で話したらとの話が持ち上がった。

柄ではないと思ったが、会社同期会（一九六〇年入社）の悪友が、恩着せがましく「同期会で我慢して聞いてやるから練習と思ってやってみろ」と冷やかしのような励ましのようなことを言ってくれて、講演の概要作りまでお節介してくれる人まであらわれて後に引けなくなった。

「あかがね倶楽部」での講演の際に頂いた励ましの言葉も有難かったが、同期会での歯に衣着せない批評が本書の柱の一つになった。会社同期会の方々に感謝したい。

3　私の拙稿を書物のかたちに整えていただいたのは築地書館土井二郎社長のお陰である。

原稿の中枢になるところをご指摘していただいた。心から感謝を申しあげます。

また、原稿について以前アドバイスを頂いた村上克江、千葉芳延両氏にもお礼を申し上げます。

最後に私が世界旅行を続けられたのは留守中、認知症の進んだ老母の世話をしてくれた妻を始め私の姉妹・義弟のお陰である。ありがとう。

二〇〇六年三月

松本　正路

著者紹介——松本正路（まつもと　まさみち）

一九三六（昭和十一）年、東京生まれ。

中央大学法学部卒業後、古河電工へ。

一九九六年、定年退職。

退職直後より、メキシコの田舎町で、一人でホームステイしながら語学学校へ通い、スペイン語を習得。

以後、延べ一〇〇〇日間、一〇〇カ国を、ユースホステルなどを利用し、バックパッカースタイルで、事故、事件に遭わずに踏破。

二人の娘は既に結婚し、現在は妻との二人暮らし。

「人に対して誠実を尽す」が信条。

60歳からの初めての世界旅行のコツ

二〇〇六年四月二五日初版発行

著者――松本正路
発行者――土井二郎
発行所――築地書館株式会社
東京都中央区築地七-四-四-二〇一　〒一〇四-〇〇四五
電話〇三-三五四二-三七三一　FAX〇三-三五四一-五七九九
振替〇〇一一〇-五-一九〇五七
ホームページ=http://www.tsukiji-shokan.co.jp/
組版――ジャヌア3
印刷・製本――株式会社シナノ
装丁――吉野愛

ISBN 4-8067-1328-7

メールマガジン「築地書館Book News」申込はhttp://www.tsukiji-shokan.co.jp/で

イギリスで楽しむ グリーンホリデー ［青の巻］［緑の巻］

パックストン美登利＋ヒュー・パックストン［著］ 各一八〇〇円＋税

貴族の館に泊まってハーブの育て方を習ったり、美しい森の中でのアナグマ観察会からブリティッシュ・ガーデニングまで、「緑の巻」「青の巻」合わせて16のグリーンホリデーを紹介する。実際にグリーンホリデーに参加したい人のための「旅の情報ノート」付。

◉AERA評＝自然派ツーリストにうってつけの英国ガイド。テムズ川の平底船からの景観の楽しみ方、アラン島のウバザメやアザラシ・ウォッチング、マンモスの発掘調査ボランティアまで。「自然」を切り口に、ホテルやツアーの連絡先などの情報も掲載する。◉トラベルジャーナル評＝巻末に、関連施設やホテル等のインフォメーションが載っている。あとは、行動あるのみ。

魂の民主主義 北米先住民・アメリカ建国・日本国憲法

星川淳［著］ 一五〇〇円＋税

アメリカ建国はインディアンの部族連合がモデルだった！ 民主主義の「もう一つの源流」を、一〇〇〇年のときを超えてたどる魂の旅。 ◉2刷

シャーマンの弟子になった民族植物学者の話 上・下

マーク・プロトキン［著］ 屋代通子［訳］

上巻二二〇〇円＋税 下巻一八〇〇円 ◉2刷

全世界でベストセラーとなった書、待望の邦訳。胸躍る冒険譚であるとともに、癌治療をはじめとした現代医学が、いかに多く彼らの知恵に負っているかを美しい筆致で描き出す。